Regina Helena R.F. Mantovani
(organizadora)

CRESCER EM COMUNHÃO
CATEQUESE INFANTIL
Livro do Catequista

Simone Maciel Fernandes

Márcia Portilho

Petrópolis

© 2014, Editora Vozes Ltda.
Rua Frei Luís, 100
25689-900 Petrópolis, RJ
www.vozes.com.br
Brasil

1ª edição, 2014

8ª reimpressão, 2024.

Todos os direitos reservados. Nenhuma parte desta obra poderá ser reproduzida ou transmitida por qualquer forma e/ou quaisquer meios (eletrônico ou mecânico, incluindo fotocópia e gravação) ou arquivada em qualquer sistema ou banco de dados sem permissão escrita da editora.

Imprimatur

Dom José Antônio Peruzzo
Bispo das Dioceses de Palmas e Francisco Beltrão
Responsável pela Animação Bíblico-Catequética no Regional Sul II – CNBB
Novembro de 2013

CONSELHO EDITORIAL

Diretor
Volney J. Berkenbrock

Editores
Aline dos Santos Carneiro
Edrian Josué Pasini
Marilac Loraine Oleniki
Welder Lancieri Marchini

Conselheiros
Elói Dionísio Piva
Francisco Morás
Gilberto Gonçalves Garcia
Ludovico Garmus
Teobaldo Heidemann

Secretário executivo
Leonardo A.R.T. dos Santos

PRODUÇÃO EDITORIAL

Aline L.R. de Barros
Marcelo Telles
Mirela de Oliveira
Otaviano Cunha
Rafael de Oliveira
Samuel Resende
Vanessa Luz
Verônica M. Guedes

Conselho de projetos editoriais
Isabelle Theodora R.S. Martins
Luísa Ramos M. Lorenzi
Natália França
Priscilla A.F. Alves

Projeto gráfico e diagramação: Ana Maria Oleniki
Ilustração: Vanessa Alexandre
Capa: Ana Maria Oleniki

ISBN 978-85-326-4776-4

Este livro foi composto e impresso pela Editora Vozes Ltda.

SUMÁRIO

Apresentação, 5

Com a palavra as autoras, 6

Temas para conhecer e amar Jesus, 17

1. Que grande alegria, Jesus nasceu!, 18
2. Jesus é nosso amigo, 24
3. A Bíblia nos fala de Jesus, 30
4. Jesus nos chama para segui-lo, 36
5. É preciso amar de verdade, 42
6. A partilha nos faz felizes, 48
7. Jesus, aumenta a nossa fé!, 54
8. Com Jesus aprendemos a rezar, 60
9. Usar nossos talentos para o bem, 66
10. Devemos perdoar sempre, 72
11. Jesus curou o surdo, 78
12. Em ti, Jesus, posso confiar!, 84
13. Jesus e Maria na festa de casamento, 89
14. O cuidado de Jesus por nós, 94
15. Ser paciente com as pessoas, 100
16. Jesus não condena a riqueza, 106
17. A lição do pai bondoso, 113
18. Ele está vivo no meio de nós!, 119
19. Jesus nos mandou o Espírito Santo, 125
20. Convidados a viver em comunidade, 131

Referências, 137

APRESENTAÇÃO

Queridos catequizandos,
Prezados pais e familiares,
Estimados catequistas,

Chegou a hora de retornarmos ao caminho. Podemos dizer que foi um longo percurso, marcado por muitas reuniões de estudos, de reflexões e de orações. Foi justamente este o ritmo dos que se empenharam em preparar estes livros de catequese que fazem parte da Coleção Crescer em Comunhão. São páginas portadoras de preciosos conteúdos, expostos com cuidados didáticos e com muita sensibilidade pedagógica.

Também podemos dizer que seus autores trabalharam com muita dedicação, tendo os olhos fixos nas experiências e no anseio de fazer ecoar e ressoar a Palavra de Deus para os interlocutores da catequese: catequizando, catequistas e familiares.

A vocês, prezados pais e familiares, recordo-lhes que, em catequese, nada é tão decisivo quanto o interesse e a participação de vocês. Seu testemunho de fé e seu entusiasmo pela formação catequética de seus filhos farão com que eles percebam a grandeza do que lhes é oferecido e ensinado.

Agora, pronta a obra, é chegada a hora de entregá-la aos destinatários. É um bom instrumento, de muita utilidade. Mas a experiência de fé vem de outra fonte, do encontro com Jesus Cristo. Por Ele vale a pena oferecer o melhor para, juntos, crescermos em comunhão.

D. José Antônio Peruzzo
Bispo da Diocese de Palmas e Francisco Beltrão
Responsável pela Animação Bíblico-Catequética no Regional Sul II – CNBB

COM A PALAVRA AS AUTORAS

Queridos catequistas,

A Catequese Infantil é hoje um dos caminhos propostos no processo de educação da fé, capaz de gerar uma motivação interior, desde a tenra idade que resulte em uma resposta autêntica ao chamado de Deus, como nos ensina o Evangelho, especialmente no fato em que Jesus diz: "Deixai vir a mim as criancinhas..."(cf. Lc 18,15-18). Essa reflexão, ao iluminar nossa prática catequética, guiou-nos a inserir na revisão da Coleção Crescer em Comunhão, um volume voltado para atender as crianças de 5 a 7 anos.

A Coleção Crescer em Comunhão pretende contribuir para um itinerário de educação da fé marcado pela experiência, conversão e adesão a Jesus Cristo. Para isso, procurou integrar elementos característicos da Iniciação Cristã, conforme aponta o Catecismo da Igreja Católica: "o anúncio da Palavra, o acolhimento do Evangelho proporcionando uma conversão, a profissão de fé, o Batismo, a efusão do Espírito Santo (a Crisma), e o acesso à Comunhão Eucarística" (cf. CIC, n. 1229).

Desta forma, queridos catequistas, a revisão da Coleção Crescer em Comunhão procura contribuir, com simplicidade, com o processo de Iniciação à Vida Cristã, propondo encontros mais orantes e mais pessoais, priorizando a Palavra de Deus, atendendo e respeitando as diferentes faixas etárias para despertar em seus interlocutores o desejo de se tornarem seguidores de Jesus.

Foi uma longa caminhada... mas esperançosa em poder contribuir com todos vocês, discípulos missionários de Jesus Cristo.

Um fraterno abraço,

Márcia e Simone

As autoras

O QUE PROPOMOS NO LIVRO DO CATEQUIZANDO

Tendo presente que a missão dos catequistas é favorecer o encontro íntimo e pessoal dos catequizandos com Jesus Cristo, propomos neste volume da Coleção Crescer em Comunhão destinado à Catequese Infantil, um itinerário que os ajude a se encantarem por Jesus.

Com esta finalidade apresentamos alguns momentos marcantes da vida e missão de Jesus, de forma envolvente e participativa em que a *Bíblia* e a *Oração* são elementos essenciais no desenvolvimento desta proposta. Nesta perspectiva optou-se neste volume em desenvolver temas envolvendo a vida e ação de Jesus focados em propor aos catequizandos a compreensão de que ser cristão envolve certas atitudes de amor ao próximo, solidariedade, vida de oração, participação na comunidade e outras que são apresentadas no decorrer da obra.

Os TEMAS PARA CONHECER E AMAR JESUS foram organizados visando atender ao catequista como educador e mediador do processo de educação da fé propondo em cada encontro:

- Uma pequena cena com dois personagens que destacam a centralidade de cada tema.

- O texto bíblico, neste caso, é um versículo que está em consonância com o tema a ser refletido, para o qual no livro do catequista são apresentadas sugestões para explorar e contextualizar o conteúdo junto ao catequizando.

- As atividades são propostas em prol do entendimento da mensagem ou memorização que se deseja com cada tema, estando a serviço da assimilação sobre o que a Palavra ensina.

- As orações estão relacionadas às reflexões realizadas nos encontros, com objetivo de ajudar o catequizando a dialogar com o Senhor.

- *Escrever, desenhar, recortar, colar...* – trata-se de um espaço para que o catequizando com seu catequista possam realizar atividades complementares que estiverem em concordância com o tema desenvolvido ou de algum fato importante em suas realidades, usando das habilidades e criatividade tão fortes nesta idade.

Por fim, o livro do catequizando, apresenta a síntese do conteúdo sobre o qual o catequista deverá conduzir a reflexão como parte do processo de educação da fé.

O QUE PROPOMOS NO LIVRO DO CATEQUISTA

Objetivo – Expressa a meta a ser alcançada com os catequizandos no desenvolvimento de cada tema.

Minha experiência de Leitura Orante – Antes de planejar cada encontro convidamos o catequista a realizar a leitura do texto bíblico de forma orante, meditando e rezando para entendê-lo em sua vida e atuação na catequese.

Para isso, apresenta-se alguns encaminhamentos de Leitura Orante organizados por Dom José Antônio Peruzzo na página 12 deste livro, visando ajudar o catequista a preparar-se espiritualmente para o desenvolvimento do tema do encontro junto aos catequizandos.

Informações sobre o tema – Em cada tema há um pequeno texto explicativo visando ajudar o catequista em sua preparação do encontro para explorar os conteúdos da catequese. A intenção com este texto é de que o catequista tenha um pequeno recurso para apoiar-se no momento de preparação dos encontros.

PREPARANDO O ENCONTRO

Envolve os momentos necessários para o desenvolvimento de cada tema, a saber:

Ambientação – São apresentadas sugestões para ajudar a decorar o ambiente seguindo o tema de cada encontro, assim como providenciar materiais didáticos necessários a sua realização. Contudo, é necessário que o catequista use a criatividade e a experiência para ampliar as sugestões de acordo com sua realidade e o espaço catequético.

Acolher a Palavra de Deus

Este é um momento muito especial do encontro de catequese. Cabe ao catequista sensibilizar os catequizandos para a experiência de falar e ouvir o que o Senhor tem a dizer para suas vidas.

Para que os catequizandos participem melhor deste momento, sugere-se:

- Realizar a leitura bíblica indicada de forma orante a fim de que os catequizandos sejam motivados a acolher com alegria a Palavra de Deus.

- Memorizar o versículo em destaque para que guardem a Palavra de Deus em seus corações.

Conversar com a Palavra de Deus

Apresenta os encaminhamentos pedagógicos catequéticos que auxiliarão no entendimento da Palavra através de:

➜ **Orientações para desenvolver as atividades** – Estas orientações tanto estão relacionadas às propostas no livro do catequizando como para outras atividades sugeridas. Tem por finalidade ajudar a explorar melhor o texto bíblico e o entendimento do tema. Sobre as atividades cabe destacar que é necessário dar espaço aos catequizandos para que apresentem e comentem as suas atividades, pois somente assim torna-se possível identificar se houve entendimento da mensagem.

➜ **Histórias** – São propostas em cada tema estando correlacionadas a ele e à mensagem do texto bíblico, visando contribuir para o entendimento do assunto abordado e para atender o objetivo do encontro.

Viver a Palavra de Deus

Oferece propostas para conduzir os momentos de:

➜ **Oração** – Sugere rezar as orações com simplicidade, deixando que os catequizandos entendam que pela oração dirigem-se a Deus para agradecer, fazer seus pedidos e louvá-lo a partir do texto bíblico que rezaram e refletiram.

➜ **Compromisso** – Apresenta sugestões e motivações, para que o catequizando assuma com sua família uma prática de vida decorrente das reflexões realizadas durante o encontro.

E mais...

➡️ **Encerre o encontro de catequese** – Recomenda-se ao catequista que em todos os encontros de catequese a oração seja sempre um momento forte. É preciso criar neles a consciência e o hábito de dirigir-se a Deus ora agradecendo, ora pedindo, ora glorificando. Assim, ao final de cada encontro estimular as orações espontâneas, nascidas do coração puro da criança.

➡️ **É hora da lembrancinha!** – Este é um momento de muita alegria relacionado ao trabalho realizado no encontro. Tem a finalidade de destacar um aspecto significativo da temática abordada marcando sua memorização através de uma lembrança que deverá ser levada para casa e partilhada com a família.

➡️ **Anotações** – Este espaço é para que o catequista possa registrar livremente o que deseja destacar nos encontros, suas impressões e sentimentos.

PASSOS PARA A LEITURA ORANTE DA PALAVRA

Nos últimos anos cresceu largamente a difusão da Leitura Orante da Palavra. Na realidade, este é um modo de orar presente já nos primeiros séculos da Igreja. E atravessou os séculos. Hoje é grande o número de evangelizadores que adotam este caminho para cultivar sua intimidade com Jesus Cristo, aprofundar sua consciência de discípulos e aprender a dialogar com seu Senhor. Todos os grandes evangelizadores, também os homens e mulheres de profunda santidade, cultivaram estreitos vínculos com a Palavra de Deus. Na tradição bíblica a "Palavra" é a própria pessoa a falar.

Claro, este é um caminho que requer perseverança. É como se se reaprendesse a orar. E o catequista, apaixonado pela Palavra, guardará profundas afeições à pessoa de Jesus. E transmitirá esta experiência. É necessário método. Existem vários. É preciso também disciplina. O que vem a seguir é um método bastante acessível, possível a todo catequista que pretende se tornar intérprete fiel do modo de Jesus amar os seus.

Eis os passos a praticar:

1. Pacificação interior – Este primeiro passo ainda não é Leitura Orante. Mas sem ele não é possível, ao catequista, preparar-se para a oração. Uma das mais frequentes dificuldades que se ouve, por parte de quem está em busca de experiências pessoais de oração, refere-se ao problema da falta de concentração para poder orar. De fato, quando alguém quer se recolher, em busca do necessário silêncio interior, afloram à mente muitas questões do quotidiano: inquietações, conflitos, temores, compromissos, necessidades, contas a pagar... Ao final parece que a oração ficou sem aquele fundamental "encontro pessoal com Jesus Cristo".

Com a expressão "pacificação interior" se quer falar daquela indispensável ambientação da interioridade para o "encontro com o Senhor". Trata-se de exercícios muito simples, de fácil execução. Mas sem eles não é possível "ouvir" o Senhor que quer falar pela sua Palavra. Estes exercícios de pacificação ainda não são propriamente oração, mas predispõem o coração e o espírito do orante.

Como fazer a pacificação interior? Eis uma sequência bem simples, requer alguns minutos, mas efetiva, que muito ajuda na arte de se concentrar:

a) Buscar uma posição confortável, que favoreça o relaxamento do corpo.

b) Com os olhos fechados, sem pressa, tentar sentir os principais órgãos do próprio corpo. Pode-se começar pela cabeça (cabelos, olhos, ouvidos, garganta, nuca...). Depois, passa-se a "sentir" os braços. Vale o mesmo para o peito, as costas, o abdômen, a coluna, os órgãos sexuais, as pernas... Este ato de "sentir" as principais partes do corpo, sem tocar nelas, é um poderoso meio para facilitar a concentração.

2. Invocação ao Espírito Santo – Após a "pacificação", passa-se imediatamente para o primeiro momento pessoal de oração. Não é preciso muitas palavras. O mais importante é a sinceridade do que pedir a Deus. É um pedido até simples, porque o Pai também é simples. É um Pai amoroso. Eis o pedido a formular neste momento de oração silenciosa: trata-se de pedir que o Espírito Santo venha iluminar a mente e aquecer o nosso coração. O Espírito de Deus, que inspirou o autor sagrado a escrever, direcionará também o catequista orante, que agora vai orar com a Palavra.

3. Pedir perdão a Deus; também perdoar – Para falar com intimidade a alguém é indispensável estar em paz. Quem não está em paz com Deus, tampouco estará em paz consigo mesmo. Nem com os outros. E estando em conflito não é possível um encontro sereno; não é possível profundidade no diálogo. Em um primeiro momento é preciso manifestar o desejo de receber o perdão de Deus e, da parte dele, há sempre desejo permanente de comunhão. Daí, a grandeza do perdão que Ele nos oferece.

Em seguida, no segredo do coração, falar ao Senhor da disposição em perdoar. Este ato é o melhor caminho para encontrar a paz. Se não conseguir perdoar em seu coração, se faltam as forças, então se pede ao Senhor que venha Ele a dar o perdão. Ele pode "perdoar no coração de quem ora".

4. Ler atentamente, lentamente, o texto escolhido do Evangelho – Agora, tendo preparado a interioridade, já pode o orante ler o texto da Palavra. Não deve ser uma leitura apressada. É preciso ler várias vezes, sem pressa. Este é um modo de "deixar o Senhor falar". Na oração de muitos é quase só o orante que fala. E fala, fala e fala. Mas chegou a hora e a graça de aprender a "ouvir" o Senhor. Aqui, muito ajuda fixar a atenção nos gestos dos personagens, nas palavras ou frases de maior ressonância. Vale muito observar cuidadosamente os sinais e as palavras de Jesus.

5. Imaginar o cenário apresentado pelo texto – Após a leitura atenta com nossos olhos e com a inteligência, chegou a hora de "ler com a imaginação" a mesma Palavra. O que isso significa? Trata-se de criar na mente as "imagens" do que fora lido. Não é o mesmo que fantasiar, inventar ou buscar no texto o que agrada. Aqui é preciso muita fidelidade ao texto. Eis um exemplo: a cura do paralítico (Mt 9,1-8). É possível "ver a imagem" de Jesus dentro, uma casa lotada de pessoas. Pode-se "ver" alguns homens em um tremendo esforço para colocar um paralítico diante de Jesus, descendo-o pelo teto. Jesus pode ser "visto", com olhar compadecido, falando ao paralítico... Cada gesto de todas aquelas pessoas pode ser imaginado. O texto lido, visto em imagens, favorece em muito a afinidade entre a Palavra e o catequista orante.

6. Inserir-se no cenário, tornando-se um dos protagonistas – Este é um momento extraordinário para o encontro pessoal com Jesus. Após ler, reler e ter lido o texto também com a imaginação, o catequista orante já dispõe de familiaridade para inserir-se no cenário como um dos participantes para quem as palavras pronunciadas por Jesus, sua ordem, seu pedido, sua recomendação, sua exigência valem para si próprios. Novamente, eis um exemplo: a cura de um leproso (Mc 2,1-12). O catequista orante pode identificar-se com aquele homem que tinha lepra. Não se trata, para o catequista, da doença física. Mas valem todas aquelas outras "lepras", ou "paralisias", ou "cegueiras", que o impedem de se aproximar de Jesus, ou dos outros discípulos, ou dos irmãos. Para quem está orando com a Palavra, o falar e os gestos de Jesus têm a mesma força e significação de quando foram pronunciadas ao homem sofredor que o procurara. Para o orante, este é um momento de grande intimidade com seu Senhor.

7. Minhas palavras de adesão/propósito – Somente agora o catequista orante fala. A Palavra do Senhor fora já lida com a inteligência e com a imaginação. Ele, o orante, já entrou no cenário do Evangelho. Tornou-se um dos personagens. É como se tivesse "entrado" no texto e ouvido o Senhor lhe falar. Chegou, pois, o momento da resposta. Será uma palavra de gratidão, uma súplica, ou a manifestação de uma esperança. O mais importante é que não sejam palavras marcadas por interesses subjetivos, de natureza egocêntrica. As melhores palavras são as de adesão e seguimento a Jesus Cristo. Também aqui não é preciso multiplicar as palavras. Afinal "vosso Pai sabe do que tendes necessidade antes de lho pedirdes" (Mt 6,8). Não pode faltar, igualmente, o propósito e a disposição de um novo comportamento a assumir. Sem um compromisso prático a Leitura Orante seria apenas uma psicologia religiosa. E sem propósito de conversão, até mesmo a oração se torna apenas um falso consolo.

Ao final, pode-se terminar com um salmo ou outra forma de oração conclusiva.

D. José Antônio Peruzzo
Bispo da Diocese de Palmas e Francisco Beltrão
Responsável pela Animação Bíblico-Catequética no Regional Sul II – CNBB

Temas para
CONHECER E AMAR

Jesus

1 Que grande alegria, Jesus nasceu!

Objetivo Reconhecer que Jesus nasceu para que possamos ser mais felizes e deseja viver no nosso coração.

Minha experiência de Leitura Orante

- Ouça a voz de Deus rezando o texto bíblico: Lc 2,4-14.

Para pensar

- O que tenho feito para fortalecer a presença de Jesus na minha missão de catequista?
- Tenho permitido que Ele nasça e renasça todos os dias na minha vida?

Para rezar

Senhor, que o meu coração se torne cada dia mais um lugar acolhedor onde Jesus encontre morada.

Informações sobre o tema

- O significado de alguns termos:

    Recenseamento – o próprio texto explica, no versículo 3: "todos iam registrar-se, cada um na sua cidade natal" (Lc 2,3). Portanto, o recenseamento é uma pesquisa realizada periodicamente para calcular o úmero de pessoas de um país ou de uma população específica.

    Manjedoura – lugar onde se coloca a comida dos animais num estábulo.

    Salvador – reconhecemos que somos pecadores e precisamos de salvação. Jesus veio à terra para nos salvar. É o nosso Salvador.

    Messias – é um termo hebraico para Cristo (grego), que quer dizer ungido.

    Senhor – é um título ou tratamento dado a Jesus, conferindo-lhe autoridade e poder sobre nossa vida. Chamar Jesus de Senhor é submeter-se à vontade dele. É o mesmo que dizer Deus, Pai.

- Jesus nasceu numa família, como nós; sua mãe, Maria, tinha muito carinho por Ele.

- Não havia lugar para Jesus na hospedaria, por isso Maria o colocou numa manjedoura.

- Os pastores foram os primeiros a quem o nascimento de Jesus foi anunciado.

- O anúncio da chegada de Jesus para viver entre os homens foi realizado por um anjo do Senhor: "Não temais, pois vos anuncio uma grande alegria, que é para todo o povo" (Lc 2,10b-11).

- Assim como os pastores acolheram Jesus, devemos o acolhedor em nosso coração, em nossa vida.

PREPARANDO O ENCONTRO

Ambientação

- Preparar uma mesa com toalha, vela, flores, Bíblia, fotos de bebês, um presépio.

- Preparar, em uma folha de papel sulfite colorida, a história do nascimento de Jesus. Se desejar pode ilustrá-la.

- Confeccionar uma capa de livro, em tamanho grande, para colocar dentro a história do nascimento de Jesus e assim poder representar a importância da história que será lida.

- Preparar em cartolina três fichas grandes. Em cada uma escrever as palavras: Salvador, Messias, Senhor.

- Preparar um saquinho de plástico ou celofane com balinhas dentro. Feche-o com uma fita, prendendo um pequeno cartão com a mensagem: *Jesus nasceu. Aleluia!*

ACOLHER A PALAVRA DE DEUS

✦ Inicie seu encontro fazendo o sinal da cruz e a oração: *Querido Jesus, somos crianças e queremos te conhecer melhor e sermos seus amigos. Amém.*

✦ A Bíblia deve estar presente desde o primeiro encontro de catequese. Segure a Bíblia em suas mãos, beije-a e passe para que os catequizandos repitam seu gesto, até que retorne às suas mãos.

✦ Cuidadosamente abra a Bíblia e faça a leitura do Evangelho de Jesus Cristo segundo Lucas: Lc 2,11. Repita a leitura do versículo em outro tom de voz.

✦ Como os catequizandos ainda não aprenderam a manusear a Bíblia, neste encontro somente você deverá abri-la para a leitura. Após a leitura deposite carinhosamente a Bíblia no lugar especial que você preparou.

CONVERSAR COM A PALAVRA DE DEUS

✦ Inicie um diálogo, mostrando as fotos de bebês que trouxe para o encontro, perguntando quando e onde cada um nasceu. Deixe que os catequizandos falem livremente.

✦ A seguir, pergunte se alguém sabe onde Jesus nasceu, mostre a eles o presépio e motive-os a escutar a história do nascimento de Jesus.

✦ Abra a o livro de capa grande que você preparou e leia a história do nascimento de Jesus.

História do nascimento de Jesus

Jesus nasceu numa cidade pequenina, chamada Belém. Não é Belém aqui do Brasil, que está no Estado do Pará, mas uma cidade que fica num lugar bem longe daqui, a Palestina. Uns dias antes de Jesus nascer, José, seu pai adotivo, junto com Maria, foi para Belém participar do recenseamento. O recenseamento é a contagem de quantas pessoas vivem num determinado lugar (cidade ou país). Tinha tanta gente na cidade, que não havia lugar para José e Maria se hospedarem. Jesus já estava para nascer e as pessoas não tinham um lugarzinho para Ele nascer nas suas casas. Alguém arrumou um estábulo para José e Maria se acomodarem.

Sabem o que é um estábulo?

É um lugar onde os animais passam a noite. E foi nesse lugar que Jesus nasceu. Maria enrolou o bebê Jesus em um pano e o colocou numa manjedoura, que é o lugar onde se colocava o capim para os animais. Ali por perto havia uns pastores, que passavam a noite no campo, cuidando das ovelhas. Um anjo de Deus apareceu para eles e uma grande luz os envolveu. Imaginem o susto que eles tomaram! Mas o anjo disse que não era para eles temerem, pois veio para anunciar a Boa Notícia, uma grande alegria para todo o povo. O anjo também disse: "... nasceu para vocês um Salvador, que é o Messias, o Senhor"(Lc 2,11). E ainda mais: indicou para os pastores onde eles encontrariam o recém-nascido. De repente, uma multidão de anjos juntou-se em torno de Jesus. Eles cantavam louvores a Deus... "Glória a Deus no mais alto dos céus, e paz na terra aos homens por Ele amados" (Lc 2,14).

- Após a leitura da história do nascimento de Jesus explique o significado das palavras: Salvador, Messias, Senhor. À medida que for explicando apresente as tarjas que preparou com estas palavras, deixando-as visíveis na sala de encontros de catequese.

- Peça que os catequizandos recontem com suas palavras a história do nascimento de Jesus. Poderá pedir que uma criança comece contando e os outros vão ajudando. Deixe que eles falem com espontaneidade.

- Faça memória com os catequizandos do que é importante eles guardarem para suas vidas. Incentive-os a falarem livremente.

- Depois de ouvir os catequizandos, questione-os:
  - A mãe de Jesus, Maria, esperou Jesus nascer com muito amor. José, seu pai adotivo, procurou um lugar para Jesus nascer. Não havia lugar para Jesus na hospedaria...
    - E na minha casa, há lugar para Jesus? No meu coração há um lugar para Jesus?
  - Os primeiros a receber a Boa Notícia foram os pastores. Eram pessoas pobres e simples daquela época. A eles o anjo do Senhor disse que era uma grande alegria para todo o povo.
    - Hoje, como posso demonstrar minha alegria por Jesus ter nascido para todos nós? Como eu posso receber Jesus no coração?
  - Convide-os novamente a observar o presépio montado na sala de catequese. Em seguida peça para os catequizandos abrirem seus livros e observarem a ilustração. Depois, pergunte a eles se percebem alguma diferença na ilustração do livro. Verão que na ilustração falta a manjedoura com Jesus.

- Conduza-os a recortar a manjedoura (Anexo 1) que encontrarão no livro do catequizando e que a colem no devido lugar na ilustração.
- A seguir, leia a citação bíblica relacionando-a à história do nascimento de Jesus e ajude-os a selecionar atitudes que deverão ter para acolher Jesus em suas vidas, realizando a atividade que se encontra no livro do catequizando.

VIVER A PALAVRA DE DEUS

✦ Oração

Explore que Jesus nasceu para que sejamos felizes e convide os catequizandos a fazer a oração que está em seu livro. Peça que abaixem suas cabeças e repitam bem devagar a oração:

Jesus, quero ser uma pessoa melhor.
Quero tua presença na minha vida.
Ajuda-me a viver no teu amor.

Compromisso

🌱 Converse com os catequizandos, incentivando-os a viver o que aprenderam no encontro.

🌱 Sugira que conversem com suas famílias para trazer no próximo encontro de catequese um presentinho para ser distribuído às crianças pobres. Poderá ser brinquedos usados, balas, pirulitos ou qualquer outra guloseima.

Encerre o encontro de catequese com o sinal da cruz e uma pequena oração espontânea, pedindo a Jesus que esteja sempre ao lado de todos.

É HORA DA LEMBRANCINHA!

Distribua as balinhas com os cartõezinhos onde se lê: *Jesus nasceu. Aleluia!* Lembre aos catequizandos que Jesus quer nascer no coração de cada um deles.

ANOTAÇÕES

2 — Jesus é nosso amigo

Objetivo Compreender que Jesus é um amigo que cuida das pessoas.

Minha experiência de Leitura Orante

- Entregue-se na graça de ouvir a Sagrada Palavra: Mc 10,13-16.

Para pensar

- Tenho permitido que o amor de Jesus pelas crianças me transforme e me faça resplandecer este amor em minhas atitudes para com as crianças?

Para rezar

Ó Jesus, que amastes imensamente as crianças, derrame sobre nós catequistas seu infinito amor e nos inspire na jornada de iniciar os catequizandos no caminho de Jesus. Amém!

Informações sobre o tema

- A atitude dos discípulos de impedir que as crianças se aproximassem de Jesus retrata uma realidade da época em que as crianças e as mulheres eram marginalizadas.

- A atitude de Jesus é clara, quando repreende os discípulos por impedir que as crianças dele se aproximassem. Jesus veio para subverter a ordem constituída, para abalar as estruturas sociais da época, que discriminavam as crianças e as mulheres.

- Com o gesto de acolhida às crianças, Jesus estendeu o seu Reino para todos que dele desejam participar. A decisão de aderir o seguimento ao Reino de Deus é uma escolha pessoal, ninguém pode impedir.

PREPARANDO O ENCONTRO

Ambientação

- Preparar uma mesa, com toalha, Bíblia, ilustrações de Jesus com as crianças e do Papa Francisco com crianças.

- Confeccionar um crachá com papel-cartão vermelho ou outro material disponível e cola colorida. Desenhe nele um coração de aproximadamente 5 centímetros, escreva dentro dele a frase "Jesus é meu amigo", circule com a cola colorida, coloque fita ou barbante para que o catequizando possa colocá-lo no pescoço.

ACOLHER A PALAVRA DE DEUS

Inicie o encontro fazendo o sinal da cruz e uma breve oração, ressaltando que Jesus é o melhor amigo, que está sempre ao lado de cada um cuidando e iluminado seus caminhos.

- Em seguida, solicite que um dos catequizandos segure a ilustração de Jesus com as crianças, que você preparou, até que termine a leitura do texto bíblico: Mc 10,13-16.

- Finalizada a leitura, a Bíblia e a ilustração deverão ser colocadas no lugar especial que você preparou.

CONVERSAR COM A PALAVRA DE DEUS

Faça memória do texto lido com os catequizandos perguntando a eles: Para que algumas pessoas levavam as crianças até Jesus? O que os discípulos fizeram? Qual foi a atitude de Jesus? Ele ficou zangado com os discípulos? Deixe que eles falem livremente.

❖ Convide-os a escutarem a história do *Reino da Igualdade*. Utilize os cartazes que trouxe de Jesus cercado de crianças e do Papa Francisco com as crianças para enriquecer a história.

O Reino da Igualdade

Há muito tempo atrás havia um pequeno país governado por um rei muito mal-humorado. Todos sofriam com suas maldades e injustiças. Ele considerava as mulheres e as crianças seres inferiores. Não as suportava e tratava a rainha com brutalidade.

O rei só reclamava que a comida estava horrível e que a rainha não sabia orientar as cozinheiras. No entanto, ela pedia que as cozinheiras preparassem comidas saudáveis, sem gordura, pois o rei estava bem gordinho. A rainha estava preocupada com a saúde dele, pois ele só queria comer comidas gordurosas.

O clima no castelo era horrível. O rei era grosseiro com as crianças, inclusive com seu filho único. Um dia, ele decidiu mandar seu filho estudar bem longe do país. Não queria crianças por perto. Não suportava o riso e as brincadeiras das crianças. A rainha implorou ao rei, mas ele estava decidido. Alegou que não suportava o barulho das crianças que vinham brincar com o príncipe, no palácio. Ele também dizia que o príncipe não era uma criança comum, que precisava de disciplina e não de uma mãe para mimá-lo. Apesar de todos os pedidos da rainha, ele enviou o filho para fora do reino.

Passaram-se vários anos, e o rei estava cada vez mais malvado. Cobrava impostos altíssimos para comprar carruagens caríssimas, e quem não podia pagar era açoitado. O povo não tinha o que comer, não havia escolas, e nem hospitais. A rainha, sempre que tinha oportunidade, implorava para que o rei trouxesse o príncipe de volta e tivesse pena do povo. O rei não se compadecia, só queria comer e fazer maldades.

Certo dia o rei passou muito mal. Os médicos não puderam fazer nada e o rei acabou morrendo. A rainha ficou desesperada, pois, estando sozinha, sem seu filho que estava tão longe, como cuidar do reino? Então ela mandou que buscassem seu filho.

O príncipe já estava um homem feito. Ficou muito triste com a morte do seu pai e com as coisas horríveis que ele tinha feito para o povo. Agora, como rei teria que governar. Então, ele pediu ajuda de sua mãe para governar, pois ela era uma rainha inteligente, amorosa e, juntos, poderiam mudar para melhor a vida do povo do reino.

E foi o que aconteceu. Eles construíram escolas, creches e hospitais. O príncipe ia para as ruas conversar com o povo, com as crianças, pois as amava e queria ficar perto delas.

Assim, o príncipe foi construindo um reino muito melhor, onde havia igualdade e justiça.

- Finalizada a história, estimule os catequizandos a expressarem o que entenderam.

- A seguir faça a ligação da história do *Reino da Igualdade* com a atitude de Jesus ao acolher as crianças:

  - Na época em que Jesus vivia as crianças não tinham os direitos que têm hoje. Algumas pessoas, como o rei da história que ouvimos, não gostavam das crianças porque elas brincavam fazendo muito barulho e, assim, incomodavam os adultos. Além do que as crianças eram consideradas seres inferiores, improdutivas.

  - Agindo como as pessoas de sua época, os discípulos de Jesus tentaram impedir que as crianças se aproximassem dele. Jesus que ama a todos, principalmente as crianças, fica zangado com a atitude dos discípulos e acolhe as crianças amorosamente.

- Convide-os a pegarem o livro do catequizando e explore as frases que falam do cuidado e amizade de Jesus por cada um de nós, ajudando a reconhecerem-se como parte do grupo de amigos de Jesus. Em seguida oriente-os a realizarem as atividades propostas.

- Após os catequizandos realizarem as atividades, conversar sobre o fato de que na vida existem situações que nos afastam de Jesus, mas, com muito esforço, respeitando e valorizando as pessoas, tendo sempre ao nosso lado o nosso melhor amigo, que é Jesus, que nos ajuda a sermos pessoas muito melhores.

VIVER A PALAVRA DE DEUS

- Oração

  Incentive os catequizandos a conversarem com Jesus, rezando a oração que está no seu livro.

Jesus, você é meu melhor amigo, eu quero sempre ficar contigo.

Compromisso

 Oriente seus catequizandos a pensarem no que podem fazer para se transformar em crianças melhores. Sugira: Que tal fazer um propósito de ter mais paciência e respeito com as pessoas idosas (vovô, vovó), esperando que elas escolham seus lugares, na mesa, por ocasião das refeições, não fazendo barulho quando elas estiverem assistindo televisão?

Encerre o encontro de catequese com o sinal da cruz e uma pequena oração espontânea, pedindo a Jesus que esteja sempre ao lado de todos.

É HORA DA LEMBRANCINHA!

Distribua crachás que você confeccionou, auxiliando os catequizandos na colocação para que todos saiam com eles no peito. Lembre-os que Jesus é o seu melhor amigo.

ANOTAÇÕES

3 — A Bíblia nos fala de Jesus

Objetivo Reconhecer que a Bíblia é o livro que nos ensina quem é Jesus.

Minha experiência de Leitura Orante

- Reze o texto bíblico do encontro: Lc 4,17-21.

Para pensar

- Leio a Bíblia com frequência?

- Levo a Bíblia nos meus encontros de catequese e procuro mostrar meu amor e respeito por ela?

- Reconheço Jesus como o centro das Escrituras e como Senhor da minha vida?

Para rezar

Senhor, meu Deus, que eu possa, a cada dia, dar meu testemunho de vivência da tua Palavra para os meus catequizandos.

Informações sobre o tema

- Jesus Cristo é o centro das Sagradas Escrituras. Na sinagoga em Nazaré anuncia sua missão e inicia o seu ministério com a leitura do livro da profecia de Isaías (cf. Is 61,1-2). Jesus está a serviço dos pobres, dos oprimidos e dos marginalizados da sociedade.

- O Antigo Testamento traz o anúncio, as profecias sobre a vinda do Messias (conferir os textos de 2Cr 17,1-15; Is 7,14; Is 9,5; Is 61,1-2; Zc 9,9). O Novo Testamento é a concretização do que foi anunciado no Antigo Testamento.

- Hoje, é a nós que Jesus confia a missão de "anunciar a Boa Notícia aos pobres" quando nos convida a segui-lo: "Ide por todo o mundo e pregai o Evangelho a toda criatura" (Mc 16,15).

PREPARANDO O ENCONTRO

Ambientação

* Preparar uma mesa com toalha, vela, flores, Bíblia.
* Confeccionar para cada catequizando um marcador de páginas para usarem em suas bíblias. Poderá ser feito em papel-cartão, sulfite, E.V.A. ou outro material. Coloque nele um desenho bem bonito da Bíblia e uma frase como, por exemplo: *Quem ama a Bíblia conhece Jesus!*

ACOLHER A PALAVRA DE DEUS

* Inicie seu encontro fazendo o sinal da cruz e a oração: *Bom Jesus, ajuda-nos no encontro de hoje a abrir nosso coração à tua Palavra.*

* Organize uma entrada solene da Bíblia em que um catequizando a leva nas mãos mostrando a todos, e outros dois o acompanham levando flores e uma vela acesa.

* Prepare um canto bem bonito sobre a Palavra de Deus (sugestão: CD Missa Fazedores da Paz – Paulinas, Pe. Zezinho, faixa 4: Palavras de Salvação).

* Pegue a Bíblia nas mãos, abra-a cuidadosamente e leia o Evangelho de Jesus Cristo segundo Lucas: Lc 4,21.

CONVERSAR COM A PALAVRA DE DEUS

- Inicie um diálogo, perguntando aos catequizandos se já foram a uma biblioteca: como chegaram até lá, o que foram fazer, como os livros estavam organizados, que tipo de livros conheceram, enfim, que relatem a experiência que vivenciaram. Se não souberem o que é uma biblioteca, explique a eles.

- Segure a Bíblia em suas mãos e faça uma pergunta: Vocês sabiam que estou segurando uma biblioteca nas mãos? Deixe-os se expressarem.

- Explique que a Bíblia é uma coleção de livros, uma biblioteca. A seguir peça para os catequizandos manusearem suas bíblias e observarem que há vários livros com nomes diferentes que fazem parte dela.

- Pergunte se eles sabem quem escreveu os livros que fazem parte da Bíblia. Diga-lhes que todos os livros foram escritos por pessoas inspiradas por Deus e que uma parte da Bíblia, o **Antigo Testamento**, mostra o que aconteceu antes de Jesus nascer, como Deus amou e acompanhou seu povo e como Jesus era esperado por este povo. A outra parte, o **Novo Testamento,** conta toda a vida de Jesus e da comunidade depois da sua morte e ressurreição.

- Explique que na Bíblia nós encontramos toda a história de amor de Deus por nós, seu povo escolhido. Nela está escrita a história de alguém muito importante para nós e que já sabemos que nos ama e é nosso maior amigo: Jesus Cristo.

- Oriente os catequizandos sobre como participar da atividade JOGO DE DADOS, bem como os ajude a construir os seus dados (Anexo 2 em seus livros). Instrua-os a fazer a brincadeira em grupos com três ou quatro participantes.

- Somente você terá as "regras" da brincadeira do JOGO DE DADOS. O primeiro catequizando joga o dado e anda o número de casas correspondente ao número que ficou para cima. Na casa em que a criança estiver, pode acontecer de ter uma tarefa para cumprir ou uma "premiação" que poderá preparar como um cartão com versículo bíblico, uma imagem de Jesus ou outro. Os demais catequizandos jogam o dado na sequência.

As casas com tarefa:

1. Um dia depois de muito andar e falar da importância do amor, Jesus, cansado, deitou no barco e dormiu. Fique uma rodada sem jogar.
4. Na Bíblia encontramos muitos ensinamentos de Jesus. Entre eles Jesus nos ensina que, quando alguém nos faz algum mal, devemos perdoar. Avance duas casas.
8. No Livro dos Salmos podemos ler: "O Senhor é o meu pastor, nada me faltará"(Sl 23,1). Jesus é o Bom Pastor. Conte para seus colegas alguma coisa que você sabe sobre Jesus.
13. Já sabemos que a Bíblia fala muito de Jesus. No Novo Testamento aprendemos sobre muitas coisas que Jesus fez. Um dos milagres de Jesus foi fazer um paralítico andar. Ande duas casas.
16. Jesus também frequentava a igreja. Certo dia, Ele leu no livro do profeta Isaías: "O Espírito do Senhor está sobre mim, porque Ele me consagrou com a unção"(Lc 4,18). Ajude o coleguinha que estiver logo atrás de você no jogo, trocando de lugar com ele.

✦ Nesta brincadeira todos ganham, pois conhecem melhor a Jesus.

VIVER A PALAVRA DE DEUS

✦ Oração

Convide os catequizandos a rezarem a oração:

Querido Jesus, permita que eu ame cada vez mais a Bíblia. Ela é o melhor caminho que me levará a ti. Amém.

Compromisso

✦ Combine com os catequizandos para que leiam em família durante a semana pelo menos um versículo da Bíblia.

✦ Peça para todos fazerem com o dedo polegar um sinal de positivo em direção à Bíblia, repetindo todos juntos: *Quero aprender mais sobre Jesus*. Pode-se repetir mais de uma vez até ficar bem bonito e animado.

Encerre o encontro de catequese com o sinal da cruz e uma pequena oração espontânea, pedindo a Jesus que esteja sempre ao lado de todos.

 **DA LEMBRANCINHA!**

Entregue o marcador de páginas que você preparou, explicando como usá-lo sempre que forem ler a Bíblia.

ANOTAÇÕES

4 Jesus nos chama para segui-lo

Objetivo Reconhecer que Jesus nos convida a sermos seus discípulos, a seguir seus ensinamentos.

Minha experiência de Leitura Orante

- Com a alegria de quem vai se encontrar com o Senhor, medite: Mc 3,13-19.

Para pensar

- Jesus me chamou a ser um catequista. Como tem sido minha resposta ao chamado de Jesus?
- Tenho me esforçado para levar os meus catequizandos a conhecê-lo melhor?

Para rezar

Senhor, que o meu pensar, meu falar, meu ouvir, meu agir, sejam instrumentos à sua disposição para levar meus catequizandos a Jesus.

Informações sobre o tema

- O significado dos termos:

  Apóstolo – é aquele que é enviado, é um mensageiro, é quem representa a quem o enviou.

  Discípulo – é alguém que segue as ideias ou imita os exemplos de outro.

- Geralmente, no Novo Testamento, o termo apóstolo aparece para designar aqueles que tinham uma função específica ou uma responsabilidade maior na comunidade, como levar os pagãos à obediência da fé (cf. Rm 1,5).
- Nos evangelhos só aparece o termo "discípulos". "Apóstolos" é um termo que aparece nas cartas de Paulo e Pedro.

- No texto de Marcos, o subir ao monte significa que Jesus estava em oração. Foi em sintonia com o Pai que Jesus escolheu aqueles que se tornaram seus discípulos.

- Jesus não escolheu os santos, os doutores, os entendidos. Escolheu gente do povo: pescadores, cobrador de impostos, outros. Não os escolheu pelo que eles eram, mas pelo que seriam depois de estar na sua companhia e aprender sobre o Projeto de Deus para a humanidade.

- Jesus escolheu os doze para:
  - que se tornassem seus discípulos; trazendo-os para junto de si, Jesus desejou proporcionar-lhes experiências e aprendizado (que levam ao discipulado);
  - enviá-los a pregar. É a finalidade do discipulado.

PREPARANDO O ENCONTRO

Ambientação

- Preparar uma mesa com toalha, vela, flores, Bíblia.
- Confeccionar para cada catequizando uma bandeirinha em cartolina ou papel sulfite. Nela, escrever a frase: Jesus, quero ser teu discípulo. Colar a bandeirinha em um palito de churrasco.

ACOLHER A PALAVRA DE DEUS

✤ Inicie seu encontro fazendo o sinal da cruz e a oração: *Oh, Jesus, ainda sou criança, mas quero ouvir o teu chamado e quero te seguir.*

✤ Leia o Evangelho de Jesus Cristo segundo Marcos: Mc 3,14-15.

CONVERSAR COM A PALAVRA DE DEUS

✤ Para contar a história bíblica aproveite a ilustração do livro do catequizando na qual apresenta cada um dos apóstolos. Mostre-os segundo aparecem no Evangelho.

Jesus e seus discípulos

Um dia Jesus subiu a um monte para conversar com seu Pai, rezar. Ele sempre fazia isso. Nesse dia Jesus escolheu algumas pessoas para irem com ele até o monte. Mas não chamou gente importante ou famosa daquele tempo. Os primeiros a quem Jesus chamou foram doze: Pedro, que antes de conhecer Jesus se chamava Simão, Tiago e seu irmão João, André, Filipe, Bartolomeu, Mateus, Tomé, Tiago, Judas Tadeu, Simão e Judas Iscariotes.

Esses foram os que Jesus quis chamar primeiro, pois Ele sabia que iriam aprender a viver com Ele, acompanhá-lo e a se tornarem seus discípulos.

Esses discípulos Ele enviaria para pregar a Boa-nova a outras pessoas e teriam autoridade para fazer muitas coisas boas em seu nome.

Os doze discípulos deixaram tudo o que faziam para seguir Jesus.

✤ Mostre no livro do catequizando a ilustração de Jesus ensinando os doze. Pergunte aos catequizandos se a lista dos que Jesus chamou parou por aí ou, até hoje, Ele continua a chamar pessoas para serem seus discípulos.

✤ Quem vocês acham que Ele chama hoje? Todos nós somos chamados para sermos seguidores de Jesus.

✦ Continue conversando com os catequizandos. Diga que na Bíblia está escrito que aqueles a quem Ele chamou "foram até Ele"(Mc 3,13b). Questione-os:

- O que nos impede de irmos até Jesus? Deixe que os catequizandos se expressem livremente. Diga-lhes que, às vezes, nosso egoísmo, nossa preguiça, nossa falta de vontade é que não nos deixa fazer de Jesus a pessoa mais importante da nossa vida.
- Quem nos leva até Jesus? Você conhece gente que é verdadeiro discípulo de Jesus? Destacar que todos somos chamados a sermos discípulos de Jesus. Ser discípulo de Jesus é colocá-lo como o centro das nossas vidas. Depois que conhecemos Jesus, nossa vida muda.
- Como é quem segue Jesus? Para este momento, pode-se cantar uma música que fale de seguir Jesus (sugestão: CD Pirado por Jesus – Canção Nova – Doidin de Deus, faixa 4: Pirado por Jesus).

VIVER A PALAVRA DE DEUS

✦ Oração

Convide os catequizandos a rezarem todos juntos:

Obrigado, Jesus, por me chamar a te seguir. Ainda sou pequeno, mas quero te conhecer melhor, quero te seguir e quero ser teu discípulo.

Compromisso

✤ Motive os catequizandos a conversarem com a família sobre o que aprenderam no encontro sobre seguir Jesus e que para isso é preciso ter atitudes parecidas com a dele.

✤ Peça para que convidem a família para assumir uma das atitudes, como por exemplo: falar sempre a verdade, respeitar as pessoas..., para praticarem juntos.

Encerre o encontro de catequese com o sinal da cruz e uma pequena oração espontânea, pedindo a Jesus que esteja sempre ao lado de todos.

É HORA DA LEMBRANCINHA!

Entregar as bandeirinhas preparadas para cada catequizando. Convide-os a saudarem Jesus, dizendo: *Valeu, Jesus*! Lembre-os de que Jesus os quer como seus seguidores.

ANOTAÇÕES

5 — *É preciso amar de verdade*

Objetivo Identificar que o nosso próximo são as pessoas que necessitam de nossa ajuda, são aquelas que Jesus nos pede para acolher.

Minha experiência de Leitura Orante

▣ Abra seu coração para receber a Palavra de Deus: Lc 10,25-37.

Para pensar

▣ Jesus me mostra qual o maior mandamento: Amar a Deus acima de tudo e ao próximo como a mim mesmo. Tenho visto no rosto de cada catequizando a imagem de Jesus? Trato a cada um deles com amor e carinho?

Para rezar

Senhor meu Deus, permita que meu coração se abra ao amor e que eu veja em cada catequizando um amado seu.

Informações sobre o tema

▣ Jesus ensina que não basta saber, mas é preciso amar de verdade. O homem entendido em leis sabia muito bem o que está escrito na Lei: "Ame o Senhor, seu Deus, com todo o seu coração, com toda a sua alma, com toda a sua força e com toda a sua mente; e ao seu próximo como a si mesmo" (Lc 10,27). Na certa, este homem achava que já obedecia ao mandamento. Com a parábola, Jesus mostra qual é o verdadeiro amor ao próximo e quem é nosso próximo. O amor é o que impulsiona as pessoas a se aproximarem do outro que está necessitado.

◾ Alguns dados que podem ajudar na compreensão da parábola:

- são três homens que passam pelo ferido: um sacerdote, um levita e um samaritano;

- o sacerdote e o levita eram religiosos. Então não deveriam socorrer o homem ferido, quase morto? É que eles seguiam rigorosamente a Lei, que dizia que se tocassem num moribundo ficariam impuros;

- o samaritano era de um povo não aceito pelos judeus da época. Aí está o amor verdadeiro ao próximo: mesmo não sendo aceito, o samaritano ajudou o homem ferido.

- E Jesus ainda conclui: "Vá e faze tu o mesmo!" (Lc 10,37b).

PREPARANDO O ENCONTRO

Ambientação

- Preparar uma mesa com toalha, vela, flores, em destaque a Bíblia.

- Providenciar gravuras que auxiliem na compreensão do texto bíblico – Parábola do Bom Samaritano –, pessoas ajudando pessoas.

- Para cada catequizando, prepare um coração em E.V.A. ou papel-cartão, com os dizeres: *Amar a Deus e ao próximo!*

ACOLHER A PALAVRA DE DEUS

✦ Faça com os catequizandos uma pequena procissão de entrada da Bíblia: todos em pé formando um círculo. Um deles entra com a Bíblia nas mãos e lê, coloca-a na mesa já preparada com flores e vela. Todos passam em frente à Bíblia e, num gesto de amor à Palavra de Deus, beijam-na.

✦ Depois que todos repetiram o gesto, tome a Bíblia em suas mãos e leia o Evangelho de Jesus Cristo segundo Lucas: Lc 10,37b.

CONVERSAR COM A PALAVRA DE DEUS

✦ Comece uma conversa com os catequizandos a partir da pergunta: Vocês sabem o que é uma parábola?

✦ Conclua dizendo que parábola é uma história curta usada por Jesus para transmitir algum ensinamento.

✦ Diga que Jesus contou uma parábola muito interessante para nos ensinar o amor que devemos ter para com as pessoas necessitadas. Explique que irá contar-lhes a parábola em que Jesus ensina sobre o amor – o bom samaritano –, e comece contextualizando o texto, dizendo:

> Quando Jesus contou esta parábola, um homem muito importante do seu tempo quis tentá-lo, perguntando a Ele o que é preciso para ganhar a vida eterna, quer dizer, o que é preciso para ir ao céu.
>
> Jesus lhe perguntou o que dizia a Lei. O homem sabia muito bem o que dizia a lei, pois era um especialista em leis. Ele, todo importante, respondeu a Jesus: "Ame o Senhor, seu Deus, com todo o seu coração, com toda a sua alma, com toda a sua força e com toda a sua mente; e ao seu próximo como a si mesmo".
>
> Então, Jesus disse a ele que era isso que ele deveria fazer. Mas o homem insistiu: "E quem é meu próximo?"
>
> Jesus, sabendo o que se passava no coração dele, pois queria tentá-lo, contou esta parábola: a Parábola do Bom Samaritano.

- Conte com suas palavras a Parábola do Bom Samaritano: Lc 10, 25-37 com a preocupação de usar uma linguagem adequada à idade de seus catequizandos. Use uma adequada entonação de voz e utilize desenhos para ilustrar cada parte do texto bíblico, mostrando-os à medida que faz a narrativa dos acontecimentos.

- Após contar a parábola, converse com os catequizandos:
  - quantos homens passaram pelo viajante ferido?
  - qual deles o ajudou?

- Deus é como esse homem que ajudou o viajante. Ele não faz distinção entre as pessoas. Nos ama a todos com amor incomparável.
  - Hoje, quem é o nosso próximo? (deixar os catequizandos falarem)

- Ao convidar os catequizandos a realizarem as atividades propostas em seus livros, propicie:
  - comentários sobre as ilustrações;
  - explore o que diz o versículo bíblico e para que situações podem aplicá-lo;
  - comentários sobre atitudes relacionadas às expressões do caça--palavras.

VIVER A PALAVRA DE DEUS

- Oração

Convide os catequizandos a juntos rezarem:

Senhor, eu te peço que o meu coração esteja sempre com vontade de amar e ajudar as pessoas. Peço-te, também, que eu queira te amar sempre. Amém!

Compromisso

Hoje, muitas pessoas estão precisando que sejamos um samaritano na vida delas. Sensibilize os catequizandos a, junto com suas famílias, ofertarem alimentos ou roupas para doar aos mais necessitados da comunidade que pertencem.

Encerre o encontro de catequese com o sinal da cruz e uma pequena oração espontânea, pedindo a Jesus que esteja sempre ao lado de todos.

 **DA LEMBRANCINHA!**

Entregar os coraçõezinhos com a frase: *Amar a Deus e ao próximo!* Lembre os catequizandos que o próximo é a pessoa que precisa de nós.

Resposta da atividade do caça-palavras: cuidar - ajudar - amar - respeitar - partilhar.

ANOTAÇÕES

6

A partilha nos faz felizes

Objetivo Identificar que Jesus ensinou como é possível partilhar o que temos com quem nada tem.

Minha experiência de Leitura Orante

- Traga para sua vida a mensagem de Jesus, meditando: Mt 14,13-21.

Para pensar

- O que tenho feito para que a partilha seja meu jeito de viver?
- Tenho partilhado meus conhecimentos com meus catequizandos?
- Presto atenção nos meus catequizandos e percebo suas necessidades?

Para rezar

Permita Jesus que, ao preparar o encontro de catequese, eu perceba a necessidade dos catequizandos e possa partilhar meu conhecimento e meu amor com eles.

Informações sobre o tema

- Depois de saber da morte de João Batista, Jesus se dirige para um lugar afastado. Mas, ao sair da barca, Jesus vê a multidão que o espera e não se afasta das pessoas. Ao contrário, teve compaixão dela e passou a conversar.

- Já era de tarde (hora de jantar) e os discípulos queriam dispensar as pessoas para que pudessem comprar algo para comer. Comprar e vender são gestos de uma sociedade que visa lucros. Jesus os surpreende, dizendo: "...Vocês é que têm de lhes dar de comer" (Mt 14,16).

- Após Jesus abençoar e partir os pães aconteceu o milagre da partilha, fruto de uma sociedade de irmãos: todos se saciaram e ainda sobraram doze cestos cheios de pães e peixes.

PREPARANDO O ENCONTRO

Ambientação

- ✤ Colocar um pão e a Bíblia sobre uma toalha no centro da sala (se possível, no chão). A Bíblia deve estar fechada e envolta com uma fita, formando um laço na frente.
- ✤ Providenciar para usar no momento de contar a história bíblica do milagre da multiplicação dos pães: um pequeno cesto de vime em tamanho que todos possam enxergá-lo; desenhos de cinco pães e dois peixes pintados e recortados, para colocar dentro do cesto.
- ✤ Para cada catequizando desenhe um cesto em papel-cartão ou outro similar e o enfeite com desenhos de pães e peixes. Escreva no cartão: *Partilhar é amar.*

ACOLHER A PALAVRA DE DEUS

✤ Após receber os catequizandos com alegria, peça que todos se sentem no chão, formando um círculo ao redor da Bíblia e do pão.

✤ Recolha a Bíblia do centro e passe-a de mão em mão, até chegar às suas mãos novamente; desfaça o laço, abra cuidadosamente e leia o Evangelho de Jesus Cristo segundo Mateus: Mt 14,19b.

CONVERSAR COM A PALAVRA DE DEUS

✧ Conte o milagre da multiplicação dos pães com auxílio do material preparado em papel-cartão ou E.V.A.: cesto, pães e peixes.

O milagre da partilha

Certo dia, Jesus estava muito triste e se retirou para um lugar deserto e afastado. As pessoas já sabiam do poder de Jesus em curar e fazer milagres. Por isso, sabendo onde Ele estava, foram atrás dele. Ao ver a multidão Jesus teve pena dela, pois as pessoas esperavam para ouvi-lo. Ele curou muitos doentes neste dia.

O lugar onde estavam era longe da cidade. Já estava ficando tarde e era hora de jantar. Os discípulos queriam que Jesus mandasse as pessoas embora para que comprassem comida e se alimentassem. Porém, Jesus não deixou e pediu aos discípulos que os alimentasse.

– Mas como? É tanta gente e não temos comida!, disseram eles.

Ali no meio do povo havia um menino muito bondoso que tinha alguma comida consigo. Retirou os pães e os peixes do cesto e mostrou a todos. *(tirar do cesto os pães e peixes e mostrar a todos)* Isso mesmo, ele só tinha uns pães e uns peixes! Esse menino se dispôs a dividir a comida que tinha com todos e ofereceu o seu cesto para os discípulos.

Imaginem! Como o pouco que o menino tinha poderia alimentar tanta gente? Jesus pediu que levassem esses alimentos até Ele, abençoou-os e mandou que distribuíssem às pessoas.

Eis o grande milagre, o milagre da partilha: todos comeram, ficaram satisfeitos e ainda sobrou comida!

✧ Coloque de volta os pães e peixes dentro do cesto e deposite-o ao lado da Bíblia.

✧ Peça aos catequizandos que contem novamente, com suas palavras, o milagre da multiplicação dos pães e peixes. Depois, motive-os a realizar as atividades no seu livro.

⊕ A seguir, converse sobre o que é importante neste encontro e que deverão guardar para suas vidas:

- O que significa partilhar?
  - Deixar os catequizandos falarem e depois comentar: Partilhar significa dividir, repartir o que se tem com quem não tem. Jesus nos ensina a fazer o mesmo que fez o menino da história: colocar em comum, dividir, o que temos.
- Conversar com os catequizandos sobre:
  - O que nós temos para partilhar?
  - Podemos partilhar nosso tempo? Podemos dar atenção às pessoas?
- Explorar com os catequizandos que partilhar não se refere somente ao bens: dinheiro, roupa, brinquedos ou alimentação. Mas também envolve oferecer carinho, amor, atenção, respeito, tempo... Quando agimos assim cumprimos o mandamento do amor em nosso meio.

VIVER A PALAVRA DE DEUS

⊕ Oração

Divida o pão que está no centro da sala como gesto de partilha que devemos sempre praticar com os necessitados e reze com seus catequizandos:

Jesus querido, peço hoje que o meu coração seja aberto para a partilha. Dá-me a graça de partilhar com alegria!

Compromisso

✢ Motivar os catequizandos a responder a seguinte pergunta: Depois do que aprendemos sobre a partilha, como podemos viver este ensinamento de Jesus? (deixar que falem).

✢ Combinar com os catequizandos um gesto para esta semana. Poderá ser uma partilha do que temos, como um doce, ou conversar com alguém (partilhar o que somos).

Encerre o encontro de catequese com o sinal da cruz e uma pequena oração espontânea, pedindo a Jesus que esteja sempre ao lado de todos.

É HORA DA LEMBRANCINHA!

Distribua o desenho do cesto com pães e peixes que você preparou para cada catequizando, lembrando-os que, quando partilhamos, Jesus nos abençoa e tudo de bom acontece na nossa vida.

ANOTAÇÕES

7 Jesus, aumenta a nossa fé!

Objetivo Compreender que Jesus é um amigo que cuida das pessoas.

Minha experiência de Leitura Orante

- ▣ Deixe-se inundar pela Palavra Sagrada, meditando: Lc 17,5-10.

Para pensar

- ▣ Tenho aderido plenamente ao projeto de Deus?
- ▣ O que tenho feito para que a graça da fé transpareça em minhas atitudes de catequista? Quais são estas atitudes?

Para rezar

Ó Jesus, que nos deste gratuitamente a graça da fé, fortaleça em nós catequistas este dom, para que possamos aderir plenamente o seu Reino e testemunhar nas nossas vidas o seguimento ao seu Reino, em nossas famílias. Amém!

Informações sobre o tema

- ▣ A atitude dos discípulos era contraditória. Estavam vivenciando um combate espiritual: ao mesmo tempo em que estavam inseguros, confiavam em Jesus. Assim, pediram a Jesus que aumentasse a sua fé.

- ▣ Jesus, bondoso e misericordioso, elimina todas as dúvidas dos discípulos. No seu projeto de salvação estendido a toda humanidade não há lugar para dúvidas. Cabe somente ao cristão aderir ao projeto do Reino para alcançar a vida eterna.

- ▣ Mesmo a fé sendo um dom oferecido por Deus a toda criatura, o conhecimento do projeto do Reino é fundamental para a adesão incondicional a Jesus Cristo, centro de nossa fé.

■ A fé é movida pelo acolhimento da Palavra e da Eucaristia. Elas é que nos impulsionam a caminhar em busca da plenitude do Reino que Deus oferece a todos gratuitamente.

PREPARANDO O ENCONTRO

Ambientação

* Arrumar uma mesa com toalha, Bíblia, velas, uma ilustração de Jesus e os discípulos.

* Providenciar fantoches de um homem e uma mulher.

* Confeccionar para cada catequizando uma pequena árvore com frutos para ser utilizada como ímã de geladeira. Para isso é preciso os seguintes materiais: E.V.A. ou papel-cartão (marrom – para fazer o tronco da árvore; verde – para fazer a copa da árvore); botões vermelhos (para representarem os frutos) e pequenos ímãs. Faça uma etiqueta com a seguinte frase: *Jesus, aumenta minha fé*, para ser colada no tronco da árvore.

ACOLHER A PALAVRA DE DEUS

* Faça o sinal da cruz com os catequizandos e uma breve oração a sua escolha, pedindo a vinda e a luz do Espírito Santo para iluminar o encontro.

* Em seguida, solicite para que um dos catequizandos retire a Bíblia do lugar preparado para ela com todo o respeito e a suspenda sobre a cabeça.

- ⬥ Solicite que todos aplaudam a Bíblia e, em seguida, que seja entregue em suas mãos. Prossiga, com a proclamação do Evangelho de Jesus Cristo segundo Lucas: Lc 17,5-6.

- ⬥ Finalizada a leitura, a Bíblia deverá ser colocada no lugar especial que você preparou.

CONVERSAR COM A PALAVRA DE DEUS

⬥ Mostre a ilustração de Jesus com os apóstolos e faça memória do texto lido com os catequizandos perguntando a eles: Quem foram os apóstolos? O que eles pediram a Jesus? O que é fé?

- ⬥ Convide-os a escutarem a história que fala da força da fé. Utilize os fantoches para enriquecer a história.

O Sítio da Esperança

Naquele ano houve uma grande seca. Todos os agricultores estavam desanimados, tristes, vendo suas plantações morrerem e seus animais passando fome. A família de seu Dionísio estava em dificuldades. Ele estava com receio de não ter como sobreviver no sítio e pensa em ir embora. Ele e sua família estavam muitos tristes, pois nasceram ali e continuavam vivendo na terra que fora de seus pais. Na verdade, sentem muito medo de mudar para um lugar desconhecido.

Quando os donos de outras terras se reuniam não falavam de outro assunto a não ser da falta de chuva e, ansiosos, olhavam para o céu à procura de uma nuvem. A maioria deles pensa em ir embora tentar a vida em outro lugar.

O Sr. Dionísio volta para casa e decide conversar com sua mulher e filhos. Ele sente que precisa tomar uma decisão. Sua mulher, D. Laura, resolve interferir, pois ela e as crianças não querem partir. Ela é muito religiosa e pede ao marido que não desista, que tenha fé. Pede a ele que rezem juntos e que não desista de acreditar que a chuva virá. Ela acha que não devem abandonar tudo, a fazenda, os empregados, os animais. Afinal, já passaram por outros momentos difíceis e, com a ajuda de Deus, conseguiram superar.

Mas o Sr. Dionísio continuava indeciso, desanimado, vendo todos os dias um vizinho partindo com sua família na maior tristeza. Uns em carroça, outros em caminhões, outros a pé carregando sacolas pesadas. Era uma tristeza!

Porém, decidiram ficar confiantes que a chuva viria. Todas as noites se reuniam para rezar e pedir pela chuva, e durante o dia continuavam trabalhando.

Os dias foram passando e nada de chuva, mas a família do Sr. Dionísio não perdia a esperança. Até que um dia a chuva chegou e renovou tudo. Logo ficou tudo verdinho novamente. A colheita foi ótima.

A família se reuniu para agradecer a Deus pela graça recebida. A fé deu forças para que o Sr. Dionísio, D. Laura e seus filhos suportassem aquele momento de dificuldade, e o que parecia impossível aconteceu, pois para Deus tudo é possível, basta que acreditemos.

- Finalizada a história, estimule os catequizandos a expressarem o que entenderam.

- A seguir faça a ligação da história *O Sítio da Esperança* com o que acontece no nosso dia a dia:
  - muitas vezes estamos tão preocupados com os nossos problemas (Dionísio preocupado pela falta de chuva), que nos esquecemos de rezar, não confiamos no amor de Jesus por nós;
  - não devemos nunca desanimar, assim como D. Laura nunca desanimou. Manteve-se firme em sua fé, demonstrando que aderiu ao projeto de Jesus. Alimentando sua fé com as orações, foi atendida quando choveu. A família de Dionísio, graças à fé de D. Laura, permaneceu unida. É a fé que nos ajuda a passar por momentos difíceis e superá-los.

- Incentive os catequizandos a abrirem seus livros e explore o conteúdo e as imagens antes de conduzir as orientações para realizarem as atividades propostas.
  - Resposta da atividade: rezar/ participar da missa/ confiar/ partilhar/ não desanimar.

- Após realizarem as atividades do livro, dizer aos catequizandos que, muitas vezes, passamos por momentos difíceis e duvidamos da presença de Jesus na nossa vida. Devemos sempre fortalecer a nossa fé lendo a Bíblia, frequentando a missa, partilhando o que somos e temos com as outras pessoas. Com estes gestos e atitudes, com certeza, nossa fé será fortalecida e aumentada, pois estaremos sempre ao lado de Jesus.

VIVER A PALAVRA DE DEUS

◈ Oração

Incentive os catequizandos a dizerem a Jesus o que está no coração deles. Convide-os a rezarem a oração que está no seu livro:

Jesus, ajude-me a aumentar cada vez mais a minha fé em você!

Compromisso

❧ Comente com os catequizandos que a nossa fé tem que ser alimentada pela oração, pela leitura da Bíblia. Depois, sugira e motive para fazer um propósito de ler junto com a família um versículo da Bíblia antes de dormir.

Encerre o encontro de catequese com o sinal da cruz e uma pequena oração espontânea, pedindo a Jesus que aumente a fé de todos.

É HORA DA LEMBRANCINHA!

Distribua os ímãs de geladeira que você preparou, lembrando os catequizandos que a fé é um dom que Deus dá para todas as pessoas que aderem o seu projeto.

ANOTAÇÕES

8   *Com Jesus aprendemos a rezar*

Objetivo   Apresentar a oração do Pai-nosso como a oração que foi ensinada por Jesus.

Minha experiência de Leitura Orante

- Medite e traga para sua vida o texto bíblico: Lc 11,1-4.

Para pensar

- Tenho dedicado pelo menos um momento do dia para rezar?
- Quando é que busco conversar com Deus?
- Minha oração é feita de coração, dirijo-me diretamente a Deus?
- Confio que Deus fará o que for melhor para mim?

Para rezar

Senhor, Tu sabes do que eu preciso. Toma meu coração em tuas mãos. Peço-te, Senhor, faça-me um instrumento de tua Palavra.

Informações sobre o tema

- Jesus nos mostra a importância da oração com humildade, simplicidade e sinceridade. Deus sabe tudo o que está no nosso coração, mesmo antes que façamos qualquer pedido.
- Nos evangelhos há muitos momentos em que os evangelistas narram Jesus em oração:
  - Lc 6,12 – antes de chamar os doze;
  - Lc 9,18 – ao perguntar aos discípulos: "Quem dizem as multidões que eu sou?";
  - Lc 9,28 – na transfiguração;
  - Lc 11,1-2 – quando ensinou o Pai-nosso;
  - Mc 5,35 – de madrugada, num lugar deserto;

- Mt 14,23 – após a multiplicação dos pães;
- Jo 17 – antes de ser preso.

PREPARANDO O ENCONTRO

Ambientação

- Preparar uma mesa com toalha, vela, flores, Bíblia.
- Providenciar a Oração do Pai-nosso escrita num papel, sob forma de um pergaminho, para cada catequizando enrolar e arrematar com uma fita e laço.

Pai nosso que estais no céus, santificado seja o vosso nome; venha a nós o vosso reino,
seja feita a vossa vontade, assim na terra como no céu.

O pão nosso de cada dia nos dai hoje; perdoai-nos as nossas ofensas, assim como nós perdoamos a quem nos tem ofendido; e não nos deixeis cair em tentação, mas livrai-nos do mal. Amém.

ACOLHER A PALAVRA DE DEUS

Inicie o encontro com os catequizandos em pé, formando um círculo. Faça o sinal da cruz na testa de quem estiver do seu lado esquerdo e peça que repita o gesto em quem estiver ao seu lado, e assim até o último catequizando.

◈ Peça que repitam a oração: *Jesus, como ensinastes aos discípulos, ensina-nos a rezar.*

◈ Leia para os catequizandos o Evangelho de Jesus Cristo segundo Lucas: Lc 11,1b.

CONVERSAR COM A PALAVRA DE DEUS

◈ Depois de todos os catequizandos estarem acomodados inicie um diálogo perguntando se rezam alguma oração e com quem aprenderam. Deixar que falem com liberdade.

◈ Oriente os catequizandos que, ao contar a história *A menina Joaninha*, pedirá em determinados momentos que desenhem as partes narradas em seus livros. Para isso é preciso prestar atenção.

A menina Joaninha

Numa cidade bem longe daqui morava uma menina muito bonita e inteligente. Seu nome era Joana, mas todos a chamavam de Joaninha. A casa de Joaninha era muito pobre, não tinha muita coisa, como a maioria das casas daquele lugar. Aquela cidade não tinha hospital nem banco, mas tinha igreja, escola, um mercadinho. As pessoas que moravam lá frequentavam a igreja, iam à missa todos os domingos e participavam da vida da comunidade.

Apesar da pobreza, as pessoas viviam felizes com o que tinham. A maioria das famílias vivia da agricultura. Tudo que plantavam, nascia, crescia, dava bons frutos e servia para o sustento de todos. *(oriente para que elaborem o primeiro desenho)*

Passado algum tempo, aconteceu de faltar chuva naquela cidade. O tempo foi passando e nada de chover. Quanta tristeza! As pessoas foram desanimando e desistindo até de ir à igreja. Uns diziam que Deus havia se esquecido deles. Ah! que pena daquele povo! *(oriente para que elaborem o segundo desenho)*

Joaninha teve uma ideia: por que não nos reunimos e pedimos com bastante fé que Deus nos mande chuva? Uns aceitaram rapidamente; outros, pessimistas, nem ligaram para a ideia da menina. Começaram a rezar e pedir que Deus os ouvisse e mandasse a chuva. Dia a dia o povo se reunia para rezar. Joaninha sempre chamando mais gente para participar. Ela dizia: se pedirmos, todos juntos, com bastante fé, Deus há de nos atender! *(oriente para que elaborem o terceiro desenho)*

E assim aconteceu... passado algum tempo, a chuva veio. Abençoada chuva! Molhou os campos, os agricultores se animaram e voltaram a semear. Em pouco tempo, tudo ficou verdinho de novo.

Outra vez Joaninha teve uma ideia: vamos nos reunir para agradecer e louvar a Deus pela chuva que tão bondosamente recebemos de suas mãos! E foi assim que aconteceu, todos voltaram a se reunir, voltaram a frequentar a igreja, sempre felizes e gratos por tudo que tinham. As coisas foram melhorando e a cidade progrediu bastante. *(oriente para que elaborem o quarto desenho)*

✧ Após contar a história, motive os catequizandos a partilharem os desenhos que produziram em seus livros e converse com eles:

- No início da história, o povo rezava (frequentava a igreja)? O que aconteceu quando vieram as dificuldades (falta de chuva)? Quando voltaram a rezar todos juntos, Deus ouviu o pedido do povo. Eles fizeram oração pedindo ajuda a Deus. No final se reuniram novamente, agradecendo a Deus por tudo que aconteceu.

- Na nossa vida, a oração nos acompanha nos momentos difíceis: é hora de pedir ajuda a Deus. Nos momentos bons é hora de agradecermos por tudo que recebemos e temos. Deus sempre sabe o que está no nosso coração.

- Quando Jesus esteve aqui na terra, Ele mesmo ensinou os discípulos a rezarem.

- Quem conhece a oração que Jesus ensinou? É o Pai-nosso. Com esta oração Ele nos ensina que todos somos irmãos porque somos filhos do seu Pai. Dizendo isso Ele também nos ensina que nos ama muito.

✧ Convide os catequizandos a acompanhar em seus livros a leitura da Oração do Pai-nosso. Faça esta leitura pausadamente. Depois motive-os a falar o que entenderam sobre o que diz a oração.

✧ Desperte nos catequizandos a importância da oração na nossa vida, em todos os momentos. Podemos conversar com Deus através da oração. Ela pode ser uma oração já conhecida, como é o Pai-nosso, ou pode ser uma oração que vem direto do nosso coração: a oração espontânea, que pode ser de pedido, de agradecimento ou louvor a Deus.

✧ Convide os catequizandos a ouvirem ou cantarem a música do Pai-nosso (ou outra que você conhece relacionada à oração): CD Paz Sim, Violência Não: Ao Vivo, vol. 1 – Sony BMG Brasil, Pe. Marcelo Rossi, faixa 6: Pai-nosso.

VIVER A PALAVRA DE DEUS

✦ Oração

Convide-os a rezarem a Oração do Pai-nosso. O catequista reza cada parte e os catequizandos repetem.

Compromisso

✦ Incentive os catequizandos a todos os dias, em casa com a família ou individualmente, rezarem a Oração do Pai-nosso.

Encerre o encontro de catequese com o sinal da cruz e uma pequena oração espontânea, pedindo a Jesus que esteja sempre ao lado de todos.

É HORA DA LEMBRANCINHA!

Entregue o pergaminho com a Oração do Pai-nosso aos catequizandos e os oriente a oferecer e explicar à família que esta oração Jesus nos ensinou para podermos conversar com Deus.

ANOTAÇÕES

9 Usar nossos talentos para o bem

Objetivo Reconhecer que Deus nos deu muitos talentos e a importância de desenvolvê-los e usá-los para o nosso bem e do próximo.

Minha experiência de Leitura Orante

✧ Converse com Deus em sua intimidade, meditando: Mt 25,14-30.

Para pensar

☐ Tenho colocado os meus talentos à disposição do meu semelhante, principalmente dos catequizandos, auxiliando o crescimento espiritual deles e assim os ajudando a serem pessoas melhores?

Para rezar

Senhor, te agradecemos pelos talentos que gratuitamente nos destes, e te pedimos que nos mostre como desenvolvê-los e colocá-los à disposição da formação e transformação do Reino de Deus. Amém!

Informações sobre o tema

☐ O ser humano nasceu das mãos de Deus, que o dotou de inteligência, vontade, força, sabedoria e outras inúmeras qualidades. Ele foi criado para amar, viver em comunhão e partilhar seus dons.

☐ Descobrir e desenvolver os talentos recebidos gratuitamente e colocá-los à disposição do semelhante, contribuindo para a formação do Reino de Deus é dever de todo cristão.

PREPARANDO O ENCONTRO

Ambientação

- Preparar uma mesa com toalha, Bíblia, velas, flores e os objetos ligados à dinâmica: violão e microfone ou ilustrações de pessoas cantando, tocando violão, escrevendo, ensinando, jogando futebol.
- Confeccionar um cartão para cada catequizando, onde deverá estar escrito a seguinte frase: *Use seus talentos para fazer o bem.*

ACOLHER A PALAVRA DE DEUS

- Faça o sinal da cruz com os catequizandos e uma breve oração a sua escolha, pedindo a vinda e a luz do Espírito Santo para iluminar o encontro. Prepare um canto para o encontro e incentive os catequizandos a cantarem, ressaltando que cantar é um talento dado por Deus.
- Em seguida, solicite para que um dos catequizandos retire a Bíblia do lugar onde ela se encontra e entregue a você. Proclame o Evangelho de Jesus Cristo segundo Mateus: Mt 25,14-30.
- Finalizada a leitura, a Bíblia deverá ser colocada no lugar especial que você preparou.

CONVERSAR COM A PALAVRA DE DEUS

✦ Faça memória do texto lido com os catequizandos perguntando a eles: Por que o patrão resolveu distribuir seus bens com os empregados? O que são talentos (dinheiro da época)? O que fez o trabalhador que recebeu cinco talentos? Qual foi a reação do patrão? Deixem que eles falem livremente.

✦ Convide-os a escutarem a história que você irá contar. Utilize os objetos ou ilustrações que você trouxe para o encontro para enriquecer a história.

Os amigos talentosos

Duda, Beto e Lu eram amigos e estudavam juntos. Beto e Lu eram alegres, gostavam de música, de cantar e de participar de todas as atividades da escola. A Duda era tímida, preferia ficar no seu canto, só observando.

Havia uma grande movimentação na escola. Estava previsto um festival de talentos e todos poderiam participar e mostrar o que sabiam fazer de diferente. O Beto e a Lu estavam muito animados. Eles iriam concorrer e ficavam provocando um ao outro. A Lu dizia que a voz dela era linda e que, com certeza, seria vencedora, e o Beto, que na guitarra era imbatível, que contra ele ninguém teria chance. Enquanto isso, a Duda só escutava, ficava bem quietinha ouvindo os amigos falarem dos seus talentos.

Percebendo isso, eles perguntaram a ela qual era o seu talento. Eles ficaram com muita pena, quando a Duda respondeu, toda sem graça, que não sabia fazer nada diferente, que iria apenas torcer pelos amigos e desejar que vencesse o melhor. Eles não queriam acreditar! Ela era a melhor aluna, tinha as melhores notas, suas redações eram sempre elogiadas pelos professores.

Naquele dia Duda chegou em casa muito triste. Sua mãe logo lhe perguntou o que acontecera. A Duda conta do festival de talentos da escola e que, como ela não sabia fazer nada diferente, não iria participar.

Sua mãe não concorda e a lembra de seu talento para escrever poesias. Diz-lhe que cada um tem dons diferentes e que o da Duda é de escrever muito bem. Assim, a incentiva a se inscrever no festival. Mas ela responde que ninguém está interessado em poesia e que iriam rir dela. Sua mãe fica muito triste e lhe diz que não está dando valor ao dom que Deus lhe deu e que, mais cedo ou mais tarde, ela iria perceber e aprender que Deus dá diferentes dons para cada um e que devemos usá-los da melhor maneira possível. Mas nada adiantou, ela não se inscreveu.

Aconteceu o festival da escola e Duda, claro, não participou. Lu e Beto fizeram o maior sucesso, ele com a guitarra e Lu com sua voz. Formaram uma dupla e não pararam mais de cantar e tocar. Acabaram se tornando artistas famosos.

Nunca mais tinham visto ou ouvido falar da amiga Duda. Um dia, escutaram uma linda música no rádio e a compositora chamava-se Duda Moreira. Eles logo quiseram conhecê-la para pedir-lhe que fizessem uma canção para eles. Então, foram procurar a Duda Moreira, e que surpresa quando viram que a compositora famosa, disputada por todos os cantores por suas lindas letras, era Duda, aquela menina tímida dos tempos da escola. Foi um reencontro muito feliz.

A Duda se tornara outra pessoa, mais alegre, cheia de vida e muito mais feliz. Ela disse a eles que, graças a sua mãe, passou a acreditar no seu talento e aprendeu a usar o dom que Deus lhe deu. Os amigos se tornaram parceiros de muitos sucessos e foram muito felizes, cada um com seus dons.

É isso aí, pessoal, todos nós recebemos dons de Deus para sermos felizes e fazermos os outros felizes.

- Finalizada a história, estimule os catequizandos a expressarem o que entenderam.

- A seguir faça a ligação da história dos amigos talentosos, com o texto bíblico sobre o patrão que distribuiu seus bens e dinheiro entre os empregados.

- Comente que cada um tem um talento para fazer alguma coisa. Na nossa história o Beto e a Lu tocavam e cantavam. A Duda, no início, estava tristinha, pois não tinha descoberto ainda o seu talento para escrever músicas. Quando ela descobriu o seu dom, tornou-se uma compositora, e uma pessoa muito mais feliz. No texto bíblico, o empregado que recebeu os cinco talentos, trabalhou e multiplicou os talentos que recebeu e o patrão ficou satisfeito e agradecido, tanto que lhe deu mais talentos.

- Convide os catequizandos a pegarem seu livro de catequese e comente a primeira frase: *Deus nos deu muitos talentos*, incentivando-os a falarem dos seus dons, o que consideram que sabem fazer bem e depois encaminhe-os a realizarem a atividade proposta.

- Após a atividade ser realizada, converse com os catequizandos destacando a importância em descobrir os talentos que Deus nos deu, e utilizá-los para o nosso bem e para ajudar outras pessoas.

VIVER A PALAVRA DE DEUS

◈ Oração

Incentive as crianças a dizerem a Jesus o que está no coração delas. Convide-as a rezarem a oração que está no seu livro.

Jesus, ajude-me a valorizar meus talentos e usá-los para ajudar as pessoas.

Compromisso

✳ Motivar os catequizandos a identificarem seus talentos. Depois orientar a escolher um deles para ajudar uma pessoa de sua família ou colega de escola.

Encerre o encontro de catequese com o sinal da cruz e uma pequena oração espontânea, pedindo a Jesus que fortaleça os seus dons.

É HORA DA LEMBRANCINHA!

Distribua os cartõezinhos aos catequizandos, lembrando-os que Deus nos deu muitos talentos e que devemos usá-los para o nosso bem e do próximo.

ANOTAÇÕES

10 — Devemos perdoar sempre

Objetivo Compreender que Jesus sempre nos perdoa e deseja que perdoemos quem nos ofende ou fez algum mal.

Minha experiência de Leitura Orante

- Este é o momento de alimentar a espiritualidade. Deixe-se mergulhar nas Sagradas Escrituras, meditando: Mt 18,21-35.

Para pensar

- Tenho permitido que o amor de Jesus se revele em mim através de atos concretos de amor e de misericórdia com aqueles que me ofenderam?

Para rezar

Ó Jesus, que nos perdoa infinitamente, nos dê a graça do nosso coração estar sempre aberto para amar e perdoar aqueles que nos ofenderam e que o perdão seja para nós uma necessidade, e com ele possamos converter e encontrar plenamente o seu Reino. Amém!

Informações sobre o tema

- Os discípulos, ao perguntarem para Jesus quantas vezes devemos perdoar, querem obter uma resposta de números (quantidade). Jesus, em sua bondade, responde um número. Porém, no seu Reino não existe limites para o perdão. A quantidade não é importante. O número indicado por Jesus é apenas um símbolo.

- O ser humano foi criado à imagem e semelhança de Deus, diferenciando-se apenas no pecado.

- Deus nos perdoa quantas vezes for necessário, desde que haja arrependimento sincero. Diante do amor incondicional de Deus para conosco, devemos acolher a graça do perdão e vivenciá-la, acolhendo fraternamente aqueles que nos ofenderam e, como filhos amados de Deus, retribuir este amor perdoando infinitamente, quantas vezes for necessário.

PREPARANDO O ENCONTRO

Ambientação

- ✢ Colocar numa mesa com toalha a Bíblia, flores e ilustrações de pessoas se cumprimentando em atitude de reconciliação.
- ✢ Sugere-se que, para contar a história do "Seu Quinzinho", sejam utilizados dois fantoches de homens.
- ✢ Confeccionar um cartãozinho para cada catequizando para que cada um possa escrever uma mensagem de perdão, que será entregue no final do encontro.

ACOLHER A PALAVRA DE DEUS

✦ Inicie o encontro fazendo o sinal da cruz com os catequizandos e uma breve oração, ressaltando que Jesus sempre perdoa as nossas faltas, por isso devemos perdoar quem nos ofendeu.

✦ Em seguida, solicite que um dos catequizandos pegue a Bíblia, a beije e a passe de mão em mão, até que chegue a você, que proclamará o Evangelho de Jesus Cristo segundo Mateus: Mt 18,21-23.

- Finalizada a leitura, a Bíblia deverá ser colocada no lugar especial preparado para ela.

CONVERSAR COM A PALAVRA DE DEUS

- Faça memória do texto lido com os catequizandos perguntando a eles: Qual discípulo se aproximou de Jesus? O que ele perguntou a Jesus? Qual foi a resposta de Jesus? Deixe que eles falem livremente.

- Convide-os a escutarem a história *Quinzinho, o homem que sabia perdoar*. Utilize os fantoches que você providenciou para enriquecer a história que está contando.

Quinzinho, o homem que sabia perdoar

Em uma pequena cidade do interior do Brasil, morava o "Seu" Quinzinho. Ele tinha um armazém (mercado do interior que vende tudo). Ele vivia com muitas dificuldades, pois os moradores da região eram pequenos agricultores pobres. Naquele ano a seca vinha castigando as plantações. Os fregueses demoravam muito para pagar as contas.

Certo dia, chegou o "Seu" Pedro, um dos fregueses, querendo comprar alimentos. A sua dívida era enorme. "Seu" Quinzinho lhe disse que não poderia mais vender sem que ele lhe pagasse uma parte da dívida. "Seu Pedro" implorou e até chorou, dizendo que não tinha dinheiro, que a seca tinha destruído sua pequena plantação, sua família passaria fome se o "Seu" Quinzinho não lhe vendesse os alimentos.

"Seu" Quinzinho, com pena dos filhos do "Seu" Pedro, lhe vendeu os alimentos e até perdoou parte da dívida. Saindo do armazém, com os alimentos, "Seu" Pedro, encontrou um homem que lhe devia dinheiro. Não teve dúvidas, largou as sacolas, agarrou o homem, exigindo que ele pagasse tudo o que lhe devia. O homem, também um pobre agricultor, disse que não tinha o dinheiro, que sua família estava passando até fome, que precisava de um prazo para pagar a dívida. Porém, "Seu" Pedro não teve compaixão, deu uma enorme surra no homem, que ficou caído no chão.

"Seu" Quinzinho, que assistiu tudo, não podia acreditar no que tinha acontecido. Ele havia acabado de perdoar parte da dívida do "Seu" Pedro e ele, implacável, tinha batido naquele pobre homem que lhe devia dinheiro. Então "Seu" Quinzinho cuidou do homem, e ainda lhe deu alguns alimentos.

Por ali passava um policial, que, avisado por outras pessoas que também assistiram a triste cena, foi procurar o "Seu" Pedro para prendê-lo por agressão.

- Finalizada a história, estimule os catequizandos a expressarem o que entenderam.

- A seguir, faça a ligação da história do "Seu" Quinzinho, o homem que sabia perdoar, com a resposta que Jesus deu aos discípulos. Assim como o "Seu" Quinzinho perdoou a dívida do "Seu" Pedro, ele deveria ter perdoado a dívida do homem e não agredi-lo como fez. Jesus nos perdoa a todo o momento, mas, para isso, temos que nos arrepender dos nossos erros.

- Diga aos catequizandos que o perdão é um grande presente de Deus, por isso devemos agradecer este presente, perdoando sempre quem nos ofendeu. Quantas vezes for preciso, não importando a quantidade.

- Convide os catequizandos a pegarem seu livro e a realizarem as atividades propostas.

- Conversar com os catequizandos que na vida também é assim, existem pessoas que sempre estão nos ofendendo, nos magoando, mas, como Jesus disse, devemos perdoá-las sempre, pois além de nos sentirmos muito melhor quando perdoamos, também estamos contribuindo, com o nosso perdão, para que o outro se transforme em uma pessoa muito melhor.

VIVER A PALAVRA DE DEUS

- Oração

Incentive os catequizandos a dizerem a Jesus o que está no coração deles. Convide-os a rezarem a oração que está no seu livro.

Jesus, ensine-me a perdoar sempre aqueles que me fizerem mal.

Compromisso

❋ Oriente os catequizandos de que iluminados pela Palavra de Deus devem perdoar sempre quem os ofender, pois, assim estarão se transformando em pessoas melhores e colaborando para o crescimento do Reino de Deus.

❋ Sugerir para tomar a iniciativa e conversar com um colega de escola que você brigou e lhe pedir perdão. Orientar para que acolham com alegria e sinceridade o perdão e o fato de ser perdoado por ele.

Encerre o encontro de catequese com o sinal da cruz e uma pequena oração espontânea, pedindo a Jesus que nos ajude a perdoar e a pedir o perdão.

É HORA DA LEMBRANCINHA!

Entregue o cartãozinho aos catequizandos para que escrevam uma mensagem de perdão que ajude a todos a se lembrarem que Deus sempre está disposto a nos perdoar e, como Ele, devemos fazer o mesmo.

Motivar os catequizandos a colocá-los sobre a mesa, e cada um, ao sair do encontro, escolhe uma mensagem.

ANOTAÇÕES

Jesus curou o surdo

Objetivo Compreender que Jesus não veio para fazer milagres, mas tocar o nosso coração para que seus ensinamentos sejam ouvidos e seguidos por todos.

Minha experiência de Leitura Orante

- Ouça a voz de Deus, meditando o texto bíblico: Mc 7,31-37.

Para pensar

- Tenho escutado, com o meu coração, a voz do Cristo ressuscitado e me colocado à disposição daqueles que são acometidos da surdez espiritual?

Para rezar

Ó Jesus, abra os nossos ouvidos e corações, para que seus ensinamentos frutifiquem e nos tornem pessoas sensíveis e atentas às necessidades e dificuldades dos nossos catequizandos. Amém!

Informações sobre o tema

- Jesus tem um projeto de salvação para as pessoas que aderem os seus ensinamentos. Para isso Ele faz um chamado, mas, às vezes, o coração está tão fechado, que não escutamos a sua voz.

- O milagre realizado por Jesus é a forma usada por Ele para demonstrar que a surdez nos aprisiona, nos impede de aderir ao seu projeto de salvação. O pecado nos torna surdos aos ensinamentos do Salvador.

- Quando fechamos nossos ouvidos para os ensinamentos de Jesus, impedindo que Ele aja na nossa vida, estamos acometidos da surdez espiritual, que nos afasta do seu projeto de salvação e da vida em comunidade.

PREPARANDO O ENCONTRO

Ambientação

- Arrumar a mesa com toalha, Bíblia, velas e uma cruz com a imagem de Jesus.
- Providenciar alguns objetos que reproduzam som, como apito, corneta, tambor...
- Preparar fantoches que representem um menino, uma mulher (professora com óculos) e um homem.
- Selecionar cantos que venham ajudar o entendimento do tema.
- Confeccionar um coração (do material que você tiver disponível – papel-cartão, cartolina, E.V.A.) e escrever nele a seguinte frase: *Jesus, abra nossos ouvidos e o nosso coração!*

ACOLHER A PALAVRA DE DEUS

Inicie o encontro fazendo o sinal da cruz com os catequizandos e uma breve oração de sua escolha pedindo que a Mãe de Jesus interceda junto ao Filho, para que os ouvidos e os corações de todos se abram para ouvir e acolher a Palavra de Deus.

- Em seguida pegue a Bíblia e inicie a leitura de maneira que os catequizandos nada possam ouvir. Pare, e pergunte o que eles ouviram?

- A seguir explique que devemos estar atentos, de ouvidos e corações abertos para ouvir o que Jesus tem a dizer.

- Convide os catequizandos a acompanharem o canto que você preparou. Em seguida, proclame o Evangelho de Jesus Cristo segundo Marcos: Mc 7,32-35.

- Finalizada a leitura, a Bíblia deverá ser colocada no lugar especial que você preparou.

CONVERSAR COM A PALAVRA DE DEUS

- Faça memória do texto lido com os catequizandos perguntando a eles: Que tipo de deficiência física era acometido o homem que procurou Jesus? O que fez Jesus para o homem? O que fez o homem que foi curado da surdez e falava com dificuldade? Deixe que eles falem livremente.

- Convide-os a escutarem a história *Pedrinho, o menino que não escutava*. Utilize os fantoches que você preparou para enriquecer a história (aproveite para enfatizar a graça de poder ouvir).

Pedrinho, o menino que não escutava

Em uma pequena cidade do interior vivia a família de Pedrinho. Ele era surdo e, por não escutar, também não podia falar. Ele brincava, tinha amigos, mas tinha muitas dificuldades, principalmente na escola. A cidade era pequena e não havia escola especializada para ele. A mãe de Pedrinho era carinhosa e sempre pedia a Deus que os ajudasse a enfrentar as dificuldades, que mostrasse um caminho para tratar a deficiência do Pedrinho. O pai, por outro lado, era revoltado, não rezava, não queria saber de Deus. Era um homem triste e não se relacionava com as pessoas da comunidade.

Um dia, chegou à cidade uma nova professora. Ela amava as crianças e sua profissão. Vendo as dificuldades e o sofrimento de Pedrinho, ela pesquisou na internet, ligou para os amigos e descobriu um ótimo médico, em São Paulo. O médico era especialista em problemas de ouvido. O mais difícil foi convencer o pai de Pedrinho que valia a pena tentar, que um bom médico poderia curar o Pedrinho. Eles já haviam tentado de tudo, gastado muito dinheiro, e o pior, o pai de Pedrinho tinha perdido a esperança de cura para a surdez de Pedrinho.

A mãe e a professora de Pedrinho, que eram mulheres de muita fé e perseverantes, insistiram tanto, que o pai, finalmente, concordou em procurar o médico. Após ter realizado vários exames, o médico então constatou que o problema de Pedrinho poderia ser resolvido com uma cirurgia. A mãe e a professora se encheram de esperanças. Até o pai de Pedrinho, embora não admitisse, também estava ansioso para ver o resultado da cirurgia.

Chegou o grande dia! Pedrinho foi operado e a cirurgia foi um sucesso! Ele passou a ouvir todos os sons lindos do mundo. Aos poucos Pedrinho, com a ajuda da mãe e da professora, e do carinho do pai, aprendeu a falar.

O pai se transformou em outra pessoa ao reconhecer que a cura do Pedrinho fora obra de Deus. Ele também fora curado da surdez que o impedia de ouvir a voz de Deus tocando seu coração que estava amargurado e fechado para as coisas de Deus. A partir da cura de Pedrinho ele agradecia a Deus pela cura de seu filho e pedia perdão por ter sido descrente e sem esperanças.

- Finalizada a história, estimule os catequizandos a expressarem o que entenderam, ressaltando a importância de poder ouvir.

- A seguir faça a ligação da história de Pedrinho com a cura do surdo realizada por Jesus: muitas vezes estamos tão preocupados com outras coisas que não ouvimos o que Jesus tem a nos dizer. Na nossa história, o pai de Pedrinho estava tão descrente, que não queria acreditar que seu filho poderia ser curado de sua enfermidade. Foi preciso que outra pessoa (professora) insistisse para que eles procurassem outro médico. Muitas vezes nós precisamos que outras pessoas nos ajudem a escutar a voz de Deus.

- Convide os catequizandos a pegarem seu livro e, ao orientar as atividades propostas, procure explorar as frases (o que é abrir os ouvidos, o coração), as ilustrações, palavras.

- Conversar com os catequizandos que na vida também é assim, muitas vezes estamos tão preocupados e ocupados (tarefas, aulas de inglês, natação, etc.) que não ouvimos o que Jesus tem a nos dizer, ficamos surdos aos seus ensinamentos. Para que isso não aconteça devemos estar sempre atentos para ouvir a voz de Jesus.

VIVER A PALAVRA DE DEUS

✦ Oração

Incentive os catequizandos a dizerem a Jesus o que está em seu coração. Convide-os a rezarem a oração que está no seu livro:

Jesus, agradeço por ouvir seus conselhos e, assim, poder sempre te seguir.

Compromisso

✳ Estimule os catequizandos a se preocuparem e respeitarem as pessoas portadoras de alguma deficiência. Sugira para fazer um propósito de ouvir com atenção quando os pais estão falando, principalmente dando um conselho. Ou ajudar um coleguinha da escola que é portador de alguma deficiência, com as suas tarefas.

Encerre o encontro de catequese com o sinal da cruz e uma pequena oração espontânea, pedindo a Jesus que permaneça no coração de todos.

É HORA DA LEMBRANCINHA!

Distribua a lembrancinha que você preparou. Lembre seus catequizandos que devemos estar sempre de ouvidos abertos aos ensinamentos de Jesus.

ANOTAÇÕES

Em ti, Jesus, posso confiar!

Objetivo Perceber que, em Jesus, podemos confiar sempre, sem medo.

Minha experiência de Leitura Orante

- Traga para sua vida a mensagem de Jesus, meditando: Mt 14,22-32.

Para pensar

- Em algum momento vacilo diante dos desafios que sou chamado a enfrentar no dia a dia da catequese?

Para rezar

Jesus, manda-me ir ao teu encontro. Não permita que o medo tome conta de mim nos momentos de dificuldades. Faça de mim, Senhor, catequista firme e forte na fé. Que meu testemunho leve meus catequizandos a te conhecer e te amar.

Informações sobre o tema

- Depois da multiplicação dos pães, Jesus despediu a multidão e se retirou para rezar a sós. Também precisamos de momentos de oração em silêncio, longe do barulho e até interrompendo nossos trabalhos.

- Os discípulos estavam em dificuldades por causa do tumulto do mar. Quando avistaram Jesus sobre as águas, sentiram medo. Porém, as palavras de Jesus os acalma: "Coragem! Sou eu. Não tenham medo" (cf. Mt 14,27b).

- Pedro, após pedir a Jesus para ir ao seu encontro, também andou sobre as águas. Entretanto, em determinado momento, Pedro vacila e começa a afundar. Um vento foi capaz de tirar a coragem de Pedro. O mesmo acontece conosco. Durante nossa vida, Jesus nos chama a fazer algo, a dar um passo adiante que poderá nos levar para longe da segurança que Ele nos oferece. Se confiamos em Jesus seguimos adiante. Porém, da mesma forma que Pedro, por vezes vacilamos, pensamos em desistir e começamos a "afundar".

- Muitas vezes somos como Pedro, catequistas "de pouca fé". Nestes momentos é necessário, como Pedro, novamente pedir a Jesus, retomar a confiança, buscar fortalecimento na fé para seguirmos em frente. Somente com Jesus podemos continuar nossa caminhada rumo à construção do reino de amor e de paz.

PREPARANDO O ENCONTRO

Ambientação

- Na mesa, em destaque, colocar a Bíblia e flores.
- Para ilustrar a narrativa do texto bíblico prepare:
  - No centro da sala de encontros um cenário como se fosse o mar agitado com um barco. Para isso providencie uma toalha ou tecido azul, para representar o mar e figuras de homens e mulheres.
  - Um barco de dobradura de papel, para colocar dentro dele as figuras das pessoas.
  - Uma figura de Jesus, pode ser somente o rosto; cole-a sobre tampinhas de plástico empilhadas.
  - Uma figura do Apóstolo Pedro.
- Confeccionar um barquinho de papel (poderá ser feito com jornal) para cada catequizando e nele colocar um cartão com a frase: *Jesus pede que eu vá ao seu encontro.*

ACOLHER A PALAVRA DE DEUS

✦ Inicie seu encontro fazendo o sinal da cruz. Convide os catequizandos a repetirem a oração: *Jesus, no encontro de hoje, nos ajude a caminhar para ti sem medo.*

✦ Leia o Evangelho de Jesus Cristo segundo Mateus: Mt 14,27b.

✦ Após a leitura, coloque a Bíblia sobre a toalha ou tecido azul que representa o mar agitado.

CONVERSAR COM A PALAVRA DE DEUS

✦ Com suas palavras reconte o texto bíblico escrito por Mateus (Mt 14,22-32). Conforme for contando, coloque a figura de Jesus sobre o tecido azul. Quando for mostrar Pedro afundando, dobre a figura como se ele estivesse realmente caindo.

✦ Conversar com os catequizandos, deixando-os se expressarem livremente:

- O que mais chamou a atenção na história de Jesus andando sobre as águas?
- Jesus nos pede coragem. Quando mostramos nossa coragem em seguir Jesus?

✦ Conduza-os ao livro do catequizando, onde, decifrando os códigos, encontrarão as palavras de Jesus a Pedro, depois que este vacilou.

✦ Após a realização das atividades, dizer aos catequizandos que toda vez que perdemos a confiança em Jesus e não temos a coragem de fazer o que Ele pediu começamos a afundar como Pedro. Toda vez que fazemos coisas boas, sem desanimar, estamos caminhando em direção a Jesus.

VIVER A PALAVRA DE DEUS

✦ Oração

Convide os catequizandos a fazer uma oração pedindo a Jesus a coragem para não desanimarmos e segui-lo sempre:

Jesus, dá-me coragem para ouvir o teu chamado e te seguir. Quero caminhar sempre contigo!

Compromisso

Comente que foi importante para nós, neste encontro, perceber que somos chamados a confiar em Jesus. Convide-os para que, durante a semana, descubram uma pessoa em sua família ou escola que confia em Jesus. Trazer seu nome para no próximo encontro rezarmos por ela.

Encerre o encontro de catequese com o sinal da cruz e peça que os catequizandos façam uma oração espontânea.

É HORA DA LEMBRANCINHA!

Entregue a cada catequizando o barquinho que você preparou. Lembre-os que somos convidados a confiar em Jesus.

ANOTAÇÕES

13 Jesus e Maria na festa de casamento

Objetivo Entender que nas dificuldades podemos contar com Maria para pedir a Jesus que nos ajude e transforme a nossa vida.

Minha experiência de Leitura Orante

◾ Para abrir o coração à Palavra de Deus, medite: Jo 2,1-10.

Para pensar

◾ No meu trabalho como catequista, reconheço o que está faltando para melhorar?

◾ Tenho confiado meu trabalho a Jesus ou conto somente com meu conhecimento?

Para rezar

Nossa Senhora, minha mãe, coloco em tuas mãos meu encontro de catequese e as crianças sob minha responsabilidade. Mostra, mãe, o "vinho" que está faltando na minha vida e na minha missão de catequista.

Informações sobre o tema

◾ Nas festas de casamento no tempo de Jesus havia potes de pedra onde era colocada água para ser usada num ritual de purificação que os judeus faziam – era uma lei da religião.

◾ O casamento na Bíblia significa a união entre Deus e seu povo.

◾ A falta de vinho significa a falta de amor. Por que falta o amor? Porque as pessoas estão mais preocupadas em cumprir as leis, na beleza das cerimônias, e se esquecem que o amor é o mais importante.

▣ O primeiro milagre realizado por Jesus foi a pedido de sua Mãe, numa festa de casamento. Maria recomendou aos serventes que fizessem tudo o que Jesus mandasse, e foi graças a isso que os noivos e seus convidados provaram do melhor vinho.

PREPARANDO O ENCONTRO

Ambientação

✤ Preparar uma mesa com toalha, vela, flores, Bíblia e uma imagem de Nossa Senhora.

✤ Providenciar uma placa de papelão na cor verde para ser usada na história bíblica.

- Confeccionar, em papel-cartão ou outro material, um pote (jarro) de vinho. Na base escreva: *"Fazei tudo o que Ele vos disser" (Jo 2,5b)*. O pote em cartão pode ser substituído por um jarrinho de barro.

ACOLHER A PALAVRA DE DEUS

✦ Após receber os catequizandos, faça com eles o sinal da cruz e uma oração pedindo a luz do Espírito Santo sobre o encontro de catequese.

✦ Peça para os catequizandos repetirem: *Espírito Santo de Deus, esteja conosco neste encontro, iluminando nossa mente e abrindo nosso coração à Palavra de Deus.*

✦ Escolha um canto para aclamar a Palavra de Deus que será proclamada.

✢ Com a Bíblia em suas mãos, abra-a cuidadosamente e leia o Evangelho de Jesus Cristo segundo João: Jo 2,5b.

CONVERSAR COM A PALAVRA DE DEUS

✢ Pergunte aos catequizandos se já foram a um casamento. Teve festa? Como foi a festa?

✢ Diga que Jesus também frequentava festas. Explique que contará sobre uma festa que Jesus foi, da seguinte forma: sempre que você (catequista) mostrar a placa verde que estará em suas mãos, todos deverão repetir sua última frase. Incentive a todos participarem.

A festa do casamento

Jesus foi convidado para uma festa de casamento. Sua Mãe e seus discípulos também estavam lá. O que será que tinha nesta festa? Comida, música, bebida. O que se bebia naquele tempo? Será que era refrigerante? Não, nas festas o que não podia faltar era o vinho. E, imaginem vocês, no meio daquela festa acabou o vinho. *Ah! Que decepção! (mostre a placa)* E agora, o que os noivos iam fazer? Maria, vendo que os noivos estavam com problemas, disse a Jesus: *"Eles não têm mais vinho"(mostre a placa)*. Jesus disse a ela que sua hora não chegou. Mesmo assim, Maria disse aos empregados: *"Façam o que Ele mandar" (mostre a placa)*. Estão vendo só? Maria, a Mãe de Jesus, viu o problema dos noivos e deu um jeitinho. Jesus mandou que eles colocassem água nos potes que havia naquele lugar e que levassem àquele que organizava a festa. Este provou da água transformada em vinho e disse que nunca bebeu vinho tão bom! *Este foi o primeiro milagre de Jesus: transformou a água em vinho (mostre a placa)*. E isso se deu a pedido de sua Mãe. Por isso, Nossa Senhora é nossa medianeira, nossa intercessora junto a Jesus porque ela pede a Jesus por nós.

✢ Depois de contar o fato bíblico, convide os catequizandos a pensarem um pouquinho:

- Naquela festa de casamento faltou o vinho. O que falta na nossa vida hoje?

- Maria pediu a Jesus e Ele fez um milagre, transformando água em vinho. Que mudanças, transformações quero pedir que Jesus faça na minha vida?

✦ Conduza os catequizandos aos seus livros e incentive-os a descobrir quantos potes havia naquela festa em que Jesus mandou encher de água e que foi transformada em vinho e quais atitudes precisam mudar, melhorar em sua vida.

VIVER A PALAVRA DE DEUS

✦ Oração

Concluindo a atividade do livro do catequizando, convide-os para rezarem juntos a Oração da Ave-Maria para que, assim como ela cuidou de Jesus, cuide de nós agora.

Ave, Maria, cheia de graça, o Senhor é convosco; bendita sois vós entre as mulheres, bendito é o fruto do vosso ventre, Jesus.

Santa Maria, Mãe de Deus, rogai por nós, pecadores, agora e na hora da nossa morte. Amém.

Compromisso

✦ Motive-os a pensar no que aprenderam no encontro e a procurar, durante a semana, rezar a Oração da Ave-Maria. Incentive-os, também, a convidar a família para rezar esta linda oração a Nossa Senhora.

Encerre o encontro de catequese com o sinal da cruz e entregue a lembrança que você preparou.

É HORA DA LEMBRANCINHA!

Entregue os potinhos de barro que você preparou aos catequizandos. Lembre-se de dizer a eles que em nossa vida não pode faltar amor (representado pelo vinho da festa do casamento).

ANOTAÇÕES

O cuidado de Jesus por nós

Objetivo Entender que Jesus cuida de cada um de nós com muito amor, a ponto de nos conhecer pelo nome.

Minha experiência de Leitura Orante

- Beba da fonte de água viva que é Jesus. Escute o que Deus tem a te dizer, meditando: Jo 10,11-15.

Para pensar

- Tenho uma atitude amorosa com aqueles que se afastam do Reino de Deus?
- Vou atrás daqueles se perderam no caminho errado que escolheram?

Para rezar

Ó Jesus, no mundo de hoje em que ouvimos inúmeros chamados, nos ajude a perceber que a única voz que deve ser escutada é a sua. Amém!

Informações sobre o tema

- Jesus é claro em suas palavras, só existe salvação no seu Reino. Ele é a porta de entrada, é o caminho para o Reino, onde haverá a paz e a justiça em abundância. Ele é o bom pastor.
- Falsos pastores virão, porém, no primeiro sinal de perigo, abandonarão suas ovelhas, deixando-as à mercê dos lobos.
- Jesus é o pastor que chama suas ovelhas pelo nome e elas os conhecem, Ele dá a vida por suas ovelhas. Ele cuida das suas ovelhas, que ouvem sua voz e o seguem.

PREPARANDO O ENCONTRO

Ambientação

- Preparar o ambiente, colocando na mesa uma toalha, Bíblia, flores e ovelhas, confeccionadas em papel-cartão coberto com algodão ou pipoca, em número igual ao dos catequizandos.
- Providenciar para a atividade do livro dos catequizandos papeizinhos brancos picados de forma irregular para serem colados nas ovelhinhas, formando um mosaico.

ACOLHER A PALAVRA DE DEUS

- Inicie o encontro fazendo o sinal da cruz e pedindo ao Espírito Santo que conduza bem o encontro e não permita que ouçamos outras vozes a não ser a de Jesus.
- Dando continuidade ao encontro, retire a Bíblia do local onde ela se encontra e proclame o Evangelho de Jesus Cristo segundo João: Jo 10,11-15.
- Finalizando a leitura, coloque a Bíblia no lugar especial preparado para ela.

CONVERSAR COM A PALAVRA DE DEUS

⬥ Recorde com os catequizandos o texto bíblico proclamado, perguntando a eles? Quem é o Bom Pastor? O que o mercenário fez quando o lobo chegou? Por quê? O que Jesus faz por suas ovelhas?

⬥ Convide-os a escutarem a história de *Mel, a ovelhinha perdida*. Utilize as ovelhinhas que você trouxe para enriquecer a história.

Mel, a ovelhinha perdida

José era pastor de um enorme rebanho de ovelhas. Ele cuidava muito bem delas, por isso o seu patrão tinha muita confiança nele. Suas ovelhas eram lindas e todas tinham nomes. Entre elas havia a Mel, uma ovelhinha muito simpática, a Maria, mais velha e responsável, a Rosinha, a mais obediente, e muitas outras.

Como o rebanho era muito grande o pastor José estava preocupado, pois poderia faltar alimento para as suas ovelhas. Então, antes das pastagens acabarem, ele decidiu levar as ovelhas para outra fazenda, onde os campos eram maiores e haveria muito mais comida para elas. Ele reúne suas ovelhas e avisa que precisam viajar para outra fazenda e que é uma viagem longa e perigosa. O caminho tem montanhas e animais selvagens, por isso precisavam viajar todos juntos, com muito cuidado e atenção.

As ovelhas ficaram muito animadas e começaram a viagem com muito entusiasmo e animação. Rosinha era a mais obediente, viajava quietinha, seguindo com atenção o seu pastor. Maria, a mais responsável, preocupa-se com todas as outras. A todo o momento tinha que repreender a Mel, a mais sapeca, que não ficava quieta. Mel queria conversar com todas as amigas, mudava de lugar a toda hora, parava para olhar flores, pássaros diferentes, ia para frente e para trás do rebanho, deixando Maria nervosa.

Até que, neste vai e vem, a Mel, distraída, escorregou e caiu em um buraco à beira do caminho. Era um buraco muito fundo e Mel ficou tonta de susto e de dor. Ela chamou por socorro, mas sua voz saiu muito fraca. Ela ficou ali caída, morrendo de dor e medo, ouvindo os uivos de lobos. Ninguém ouviu a sua voz. Ela gritava por socorro, mas o rebanho foi se afastando e ela ficou sozinha e ferida.

O rebanho seguiu em frente até um vale onde poderiam passar a noite em segurança, pois já estava escurecendo e as ovelhas estavam cansadas. O pastor foi conferir as suas ovelhas, estranhou aquele silêncio e logo sentiu falta da Mel. Ele começou a perguntar por ela. Perguntou a Rosinha que lhe respondeu: faz tempo que não a vejo, deve estar lá do outro lado, porque eu não saio da minha fileira de jeito nenhum. O pastor perguntou a Maria, que respondeu preocupada: faz tempo que não a vejo, deve estar lá atrás, ela não fica quieta um minuto. O pastor percorreu todo o seu rebanho, conferindo suas ovelhas e não achou a Mel em lugar nenhum.

Então, ordenou que o rebanho ficasse quietinho, porque aquele lugar era seguro. Ele iria procurar pela Mel e voltaria logo. Maria, preocupada, disse ao pastor que era muito perigoso voltar no escuro e sozinho. Mas o pastor responde: eu darei a minha vida por uma de minhas ovelhas se for preciso, fiquem aqui quietinhas. Este lugar é seguro, tem água e comida, preciso procurar pela Mel, pois tem muitos animais selvagens por aí.

Ele parte à procura da sua ovelhinha perdida com o coração apertado, com medo de que algo de mal tivesse lhe acontecido. Ele conhecia os perigos e sabia que eram muitos. Ele foi voltando, já no escuro, com uma lanterna, chamando por ela. Quando já estava quase sem esperanças, escutou um uivo de um lobo, mas escutou uma voz fraca, que parecia vir de muito longe, pedindo por socorro. Ele foi ao encontro daquela voz, e, assim que o lobo que rondava o buraco sentiu a presença do pastor José, foi embora. Então o pastor José encontrou a Mel no buraco e a salvou. Ela estava ferida, muito fraca. O pastor José, exultante de alegria, a levou no colo de volta ao rebanho.

Mel agradecia sem parar, ela nem acreditava que entre tantas ovelhas o pastor tivesse sentido sua falta e voltasse para salvá-la. O pastor chega com Mel nos braços e todos se alegraram pela ovelhinha perdida que foi recuperada.

✛ Finalizada a história, estimule os catequizandos a expressarem o que entenderam.

✛ A seguir faça a ligação da história da Mel com o texto bíblico: Mel era uma ovelhinha querida do pastor José e, quando ela se afastou do rebanho e se perdeu, ele foi atrás dela, não se importando com os perigos que poderia passar.

✛ Convide os catequizados a pegarem seu livro e leia com eles as frases, esclarecendo que Jesus é o Bom Pastor. Nós todos fazemos parte do seu rebanho, somos suas ovelhinhas queridas. Ele nos conhece e nos chama pelo nome. Ele dá a vida por nós.

✛ Explique as atividades, ajudando-os a pensarem nas atitudes a escolher para agradar a Jesus. Depois, entregue os papéis picados e os acompanhe na realização da colagem.

✛ Converse com os catequizandos que, como Mel, muitas vezes, nos afastamos do caminho do bem, passamos por perigos, nos machucamos, mas Jesus, que é o Bom Pastor, nos resgata e traz de volta para seu rebanho quando nos arrependemos.

VIVER A PALAVRA DE DEUS

♦ Oração

Incentive os catequizandos a dizerem a Jesus o que estão sentindo, após ouvirem o texto bíblico e a história da Mel. Convide-os a rezarem a oração que está seu no livro.

Jesus, obrigado por cuidar de cada um de nós, por nos conhecer pelo nome e amar. Amém.

Compromisso

✤ Oriente os catequizandos a pensarem quais atitudes eles deverão ter para ser uma ovelhinha do rebanho de Jesus. Sugira que eles ouçam com mais atenção quando seus pais falarem, seus avós, seus professores, seu catequista, pois eles os conhecem e sempre darão bons conselhos.

Encerre o encontro de catequese com o sinal da cruz e uma pequena oração espontânea, pedindo que eles sempre escutem a voz de Jesus, e assim sejam ovelhinhas do seu rebanho.

É HORA DA LEMBRANCINHA!

Distribua a cada catequizando uma ovelhinha que está no cenário. Lembre-os que Jesus é o nosso Bom Pastor. Cuida muito bem de nós e nos chama pelo nome.

ANOTAÇÕES

15 Ser paciente com as pessoas

Objetivo Conhecer o que é ser paciente observando o exemplo de Jesus.

Minha experiência de Leitura Orante

◾ Alimente-se do que Deus tem a dizer. Ouça a voz de Deus, meditando: Lc 13,6-9.

Para pensar

◾ Tenho trilhado um caminho de conversão e arrependimento. O que posso fazer para seguir o plano que Deus traçou para nós?

Para rezar

Ó Jesus, ante a certeza de sua volta gloriosa, impulsione cada catequista a buscar o caminho da conversão e do arrependimento rumo à salvação. Amém!

Informações sobre o tema

◾ Destacam-se três pontos importantes para entender melhor o tema: a certeza da volta gloriosa de Jesus para o encontro final, a necessidade de conversão, e finalmente a misericórdia divina demonstrada pela paciência de Deus para conosco.

◾ A morte pode chegar a qualquer momento, sorrateiramente. Por isso, temos que estar preparados para este momento, trilhando um caminho de conversão, penitência e arrependimento.

◾ Embora Deus seja paciente e misericordioso nos oferecendo outra chance de salvação, não podemos deixar que o medo nos paralise, nos impedindo de contribuir para a construção de seu Reino.

◾ O erro da figueira foi não produzir frutos. Deus quer que colaboremos com Ele para a construção do Reino.

PREPARANDO O ENCONTRO

Ambientação

✤ Preparar uma mesa com toalha, Bíblia, velas, dois vasos, um com flores e o outro com galhos secos, fantoches de um menino e uma menina.

✤ Em razão da história que será contada neste encontro providenciar um bolo simples para ser partilhado no final do encontro. Faça também um cartão para ser entregue com o bolo com a seguinte frase: *Senhor, ajuda-me a ser paciente com as pessoas.*

ACOLHER A PALAVRA DE DEUS

◈ Faça o sinal da cruz com os catequizandos e uma breve oração a sua escolha, pedindo a vinda e a luz do Espírito Santo para iluminar o encontro.

◈ Em seguida, pegue a Bíblia e solicite a ajuda de dois catequizandos para segurarem os vasos com flores e galhos secos, posicionando-se um à sua direita e outro à esquerda. Dando continuidade, proclame a leitura do Evangelho de Jesus Cristo segundo Lucas: Lc 13,6-9.

◈ Finalizada a leitura, indague aos catequizandos, mostrando os vasos (com flores e galhos secos), qual vaso eles querem ser? Estimule-os a dizerem o porquê da escolha.

◈ Em seguida, colocar a Bíblia e os vasos no lugar especial preparado para eles.

CONVERSAR COM A PALAVRA DE DEUS

✦ Faça memória do texto lido conversando com os catequizandos a partir das perguntas: Qual é o fruto da figueira? Por que o dono da figueira mandou que a cortasse? O que agricultor (empregado) respondeu?

✦ Convide-os a escutarem a história *Bela, a menina complicadinha*. Utilize os fantoches do menino e da menina para enriquecer a história.

Bela, a menina complicadinha

Bela era uma menina mal-humorada, não gostava de brincar, vivia inventando mentiras para prejudicar os outros. Não dividia o lanche, não partilhava os brinquedos, ao contrário, aproveitava do que era dos outros. Ela tinha um irmão, o João.

Alguns colegas da escola não entendiam a razão da Bela ser daquela maneira. Ela sempre aprontava alguma coisa para deixar os amigos tristes. As colegas se ofereciam para brincar, mas ela se negava, dizendo que preferia brincar sozinha. Estava sempre num canto, emburrada, triste, sozinha. Então, um dia, Flávia, que era uma das poucas pessoas, além, de João, seu irmão, que tinham paciência com Bela, resolveram fazer uma festa surpresa para Bela. O seu aniversário estava chegando e ela proibia seus pais de falarem de festa e até mesmo do próprio aniversário. Que menina complicada era Bela!

Então a turminha organizou a festa, com balões, bolo, docinhos e arrumaram até uma grande faixa onde estava escrito "BELA, NÓS TE AMAMOS. NÃO VAMOS DESISTIR DE VOCÊ". Quando Bela entrou no local onde a festa foi preparada, teve uma enorme surpresa. Ficou paralisada, olhos arregalados, e, quando leu a faixa, começou a chorar. O carinho, o amor, e principalmente a paciência de seu irmão e dos colegas, tocaram no coração de Bela. Ela estava muito arrependida do seu comportamento. Então, agradeceu a turminha, que, apesar de todo o mal que causou, não desistiu de ajudá-la. A partir de então se comprometeu a ser uma boa menina e amiga de todos.

✦ Finalizada a história, estimule os catequizandos a expressarem o que entenderam.

✦ A seguir faça a ligação da história de *Bela* com a figueira que não produz frutos: o erro (pecado) da figueira foi não produzir frutos, mas ela teve uma segunda chance. O mesmo aconteceu com *Bela*, pois graças ao amor e a paciência de seus amigos que não a abandonaram, ela se arrependeu dos erros cometidos e se transformou em uma boa menina. Jesus é assim. Ele nos ama e acredita em nós, por isso nos oferece uma outra chance de produzir frutos, ou seja, de sermos bons.

⬩ Convide-os a pegarem seu livro de catequese e converse com eles sobre o título, o que significa desistir e sobre o que é ter paciência. Depois leia com eles os textos e encaminhe-os a realizar a atividade proposta.

⬩ Após realizarem a atividade, conversar com os catequizandos que na vida também é assim, para nos transformarmos em pessoas melhores precisamos nos esforçar muito: arrepender quando erramos, ter paciência com os colegas, perdoar... tudo isso para agradar a Jesus que nos ama muito e sempre nos oferece uma segunda chance.

VIVER A PALAVRA DE DEUS

⬩ Oração

Incentive os catequizandos a dizerem a Jesus o que está no coração deles. Convide-os a rezarem a oração que está no livro.

Jesus, quando eu faço algo errado e me arrependo, peço-te que eu seja perdoado.

Compromisso

⬩ Oriente os catequizandos de como, alimentados pela Palavra de Deus, podem se transformar em crianças melhores. Sugira para fazerem um propósito de procurar um colega da escola que acham mal-humorado, que tem poucos amigos e compartilhar seu lanche com ele no momento do intervalo.

Encerre o encontro de catequese com o sinal da cruz e uma pequena oração espontânea, pedindo a Jesus que permaneça no coração de todos.

 **DA LEMBRANCINHA!**

Partilhe o bolo que você preparou. Lembre os catequizandos que Jesus nos pede que sejamos pacientes com as pessoas.

ANOTAÇÕES

105

16 — Jesus não condena a riqueza

Objetivo Compreender que Jesus não condena a riqueza, mas o mau uso que se faz dos bens.

Minha experiência de Leitura Orante

- Deixe-se alimentar espiritualmente bebendo da fonte de água viva do Deus criador, meditando: Lc 12,13-21.

Para pensar

- A busca pelos bens materiais, o ter, o acumular, tem sido o centro de minha vida?
- A forma que utilizo para ganhar dinheiro prejudica outras pessoas?
- Tenho partilhado os bens com os mais necessitados ou estou preocupado em acumular cada vez mais?

Para rezar

Ó Jesus, inspire em nós catequistas a virtude da caridade para que os bens que acumulamos sejam partilhados e utilizados para colaborar com a construção do seu Reino. Amém!

Informações sobre o tema

- Para entender melhor este tema do encontro deve-se ter em mente que Jesus não condena a riqueza, mas sim a ganância.
- Deus dotou o homem de inteligência e também de várias habilidades e capacidades, mas, muitas vezes, as capacidades recebidas são utilizadas para adquirir e acumular bens de maneira prejudicial aos outros: o TER, o POSSUIR vão se tornando o centro da vida de algumas pessoas que, à medida que acumulam, vão se afastando do Reino de Deus.

■ Jesus nos pede que vivenciemos a nossa vocação de cristão, partilhando os bens acumulados, pois, os bens, de nada valerão quando estivermos face a face com Jesus, pois o bem maior é a vida e somente Deus pode dá-la ou tirá-la.

PREPARANDO O ENCONTRO

Ambientação

✤ Preparar a mesa com toalha, Bíblia e velas.

✤ Providenciar os fantoches de dois meninos e um homem idoso. Alguns desenhos de notas de dinheiro, um recipiente onde possa fazer uma incineração com segurança e fósforos.

✤ Trazer para o encontro um pacote de bolachas simples, de modo que cada catequizando possa receber uma unidade.

ACOLHER A PALAVRA DE DEUS

✤ Inicie o encontro fazendo o sinal da cruz com os catequizandos e uma breve oração de sua escolha, pedindo a vinda e a luz do Espírito Santo para iluminar o encontro.

✤ Em seguida, solicite para que um dos catequizandos retire a Bíblia da mesa, beije-a e a levante bem alto. Pedir que os catequizandos aplaudam a Palavra de Deus.

✤ Após este gesto, o catequizando a entrega para o catequista proclamar a leitura do Evangelho de Jesus Cristo segundo Lucas: Lc 12,16-19.

✦ Finalizada a leitura, a Bíblia deverá ser colocada no lugar especial que você preparou.

CONVERSAR COM A PALAVRA DE DEUS

✦ Faça memória do texto lido com os catequizandos conversando com eles a partir das perguntas: O que é parábola? Como foi a colheita do homem rico? Ele tinha lugar para guardar tudo o que foi colhido? O que ele fez? Ele repartiu a colheita e os seus bens?

✦ Convide-os a escutarem a história *O vovô avarento*. Utilize os fantoches que você trouxe para narrar a história.

O vovô avarento

Nossa história é de um vovô muito esquisito. A coisa mais importante para ele era o dinheiro. O nome dele era Bartolomeu, mas todos o chamavam de Bartô, o avarento. Ele fazia questão de dizer para todos que era muito rico e o que mais gostava de fazer era contar seu dinheirinho. Não gostava de ter amigos, não conversava com os vizinhos, porque achava que as pessoas só estavam interessadas no seu dinheiro e poderiam pedir algum empréstimo.

Ele não parecia rico, sua casa era mal-cuidada, suja e tinha aspecto de abandonada. Usava roupas velhas e estava sempre mal-humorado. "Seu" Bartô tinha uma filha e dois netos, que se preocupavam com ele. Sua filha trabalhava muito e ela não deixava de mandar os netos irem visitá-lo sempre, para ver como ele estava. Ela enviava bolo e biscoitos, porque sabia que o pai adorava tudo que significasse economia. Os netos iam, mas não gostavam muito, porque não podiam fazer nada na casa.

"Seu" Bartô achava ruim se ligassem a televisão, porque gastava luz; achava ruim se brincassem pela casa porque podiam quebrar alguma coisa e, claro, não havia nada de gostoso para comer. Tudo era proibido; entrar no quarto do vovô, nem pensar. Eles tinham muita curiosidade, mas o seu Bartô não deixava ninguém pôr os pés lá dentro. Seus netos achavam que era lá o esconderijo secreto do seu dinheiro.

Um dia eles foram visitá-lo e ficaram muito surpresos. As coisas estavam muito piores do que antes. O vovô tinha mandado embora os últimos empregados, a cozinheira e o jardineiro. A casa estava suja e o jardim tinha se transformado num matagal. Quando eles falaram para o avô da sujeira e do abandono do jardim, ele respondeu: Aqueles inúteis só gastavam o meu dinheiro. Eu não preciso de jardim e posso fazer a minha comida, pois sai muito mais barato. E vocês, já estão bem grandinhos, ao invés de reclamarem, façam alguma coisa, limpem o jardim, lavem a louça e não comam os biscoitos e o bolo que sua mãe mandou para mim. Também não façam bagunça e não liguem a TV.

Os meninos tentaram fazer o que podiam, mas eram apenas duas crianças; era preciso um batalhão para dar um jeito naquela casa. Eles iam falar com a mãe, para tomar uma providência. O vovô Bartô, agora, tinha passado de todos os limites com sua obsessão em economizar.

Estava escurecendo, eles precisavam ir embora. O avô, com uma vela na mão, disse: Tchau, crianças, já vou subir para o meu quarto. Estou cansado e preciso fazer o que mais me deixa feliz e realizado: contar o meu dinheirinho. Os meninos perguntaram para que a vela e ele respondeu: para economizar luz, é claro!

Ele subiu para o quarto e as crianças foram fechando a casa para ir embora. Saíram tristes e ficaram mais tristes ainda, quando pararam para olhar a casa que antes era tão linda e que agora, por falta de cuidado, estava horrível. Toda escura, com mato em volta, parecia um castelo mal--assombrado. De repente, perceberam um clarão na janela do quarto do vovô Bartô. O quarto estava pegando fogo. O "Seu" Bartô deve ter se descuidado com a vela e o quarto pegou fogo.

Eles pediram socorro, os vizinhos correram para ajudar e chamaram os bombeiros, que vieram rapidamente, apagaram o fogo e salvaram o vovô. Eles tiraram o vovô da casa, que chorava e gritava sem parar: Meu dinheiro! Meu rico dinheirinho! Estava no colchão e agora está todo queimado! O que vou fazer? Perdi todo meu dinheiro! Eu economizei a vida inteira e agora não tenho mais nada!

Sua filha chegou para buscar as crianças e tentava consolar o pai, que continuava chorando e se lamentando. "Seu" Bartô ainda não tinha entendido que o dinheiro pode se acabar em um segundo e que a verdadeira riqueza era ter uma família, amigos, vizinhos que se preocupavam com ele e que o ajudaram quando ele precisou. Que o dinheiro, sozinho, não vale nada, o que importa é ser rico diante de Deus, e a nossa maior riqueza é o amor para com o próximo.

- Finalizada a história, faça a ligação dela com a história do homem rico que guardou toda a sua colheita. Antes, pegue os desenhos de notas de dinheiro que você trouxe, coloque-as dentro de uma vasilha em que possa incinerar e risque o fósforo, deixe as notas queimarem.

- Explique para os catequizandos que o fogo, a tempestade, as enchentes podem destruir tudo que nós acumulamos, ou seja, guardamos a vida inteira, rapidamente. O que vai sobrar são as coisas boas que fazemos para os outros. De nada adiantou para o vovô ter guardado seu dinheiro por longos anos, sem dividir com sua filha, seus netos e com as outras pessoas. Graças ao amor e carinho, o vovô perdeu apenas o seu dinheiro. Poderia ter perdido a vida, que é o bem mais valioso que Deus nos deu.

⊕ Convide os catequizandos a pegarem seu livro, converse sobre o texto bíblico, explore o entendimentos das frases que estão no livro, explore o termo condenar que está no título. Conduza e acompanhe a realização das atividades propostas.

⊕ Conversar com os catequizandos que não é errado possuir bens: a mais cara boneca, a roupa de marca, o *videogame* de última geração, o errado é não saber usar adequadamente. Jesus ensina que devemos usar o dinheiro para o nosso bem e das outras pessoas.

VIVER A PALAVRA DE DEUS

⊕ Oração

Incentive os catequizandos a dizerem a Jesus o que está no coração deles. Convide-os a rezarem a oração que está no seu livro.

Jesus, temos coisas maravilhosas, mas te agradecemos pela nossa vida, que é o bem mais precioso que temos.

Compromisso

⊕ Oriente os catequizandos como devem agir para se tornarem pessoas melhores. Sugira que, com a colaboração da família, façam um propósito para doar um brinquedo ou roupa, que estiver em condições de uso, a uma criança de alguma instituição.

Encerre o encontro de catequese com o sinal da cruz e uma pequena oração espontânea, pedindo a Jesus que permaneça no coração de todos, agradecendo pelo bem mais valioso que é a vida de cada um.

É HORA DA LEMBRANCINHA!

Distribua uma bolachinha para cada catequizando e lembre-os da importância de partilhar com os amigos o que temos porque os amamos muito.

ANOTAÇÕES

17 — A lição do pai bondoso

Objetivo Reconhecer que Deus está sempre pronto a nos perdoar e acolher quando pedimos seu perdão.

Minha experiência de Leitura Orante

- Entregue-se ao infinito amor de Deus, meditando: Lc 15,11-24.

> **Para pensar**
>
> - Tenho compaixão para com as pessoas que me ofendem?

> **Para rezar**
>
> Ó Jesus, que na nossa face transpareça a sua misericórdia e o seu amor para o com nosso semelhante. Amém!

Informações sobre o tema

- Deus tem um caminho traçado para cada ser humano. Generosamente Ele dotou o ser humano do livre-arbítrio, ou seja, Deus deu ao homem a liberdade de escolher entre o bem e o mal, ele mesmo pode e deve fazer suas escolhas.

- Muitas vezes, ao não seguir os ensinamentos de Jesus, as pessoas fazem escolhas equivocadas. Assim, afastam-se do projeto preparado amorosamente por Deus e se entregam ao pecado. Pela conversão e arrependimento as pessoas são acolhidas por Deus no caminho da salvação.

- Deus, na sua infinita bondade, acolhe seu filho pecador, o recebe e cuida dele.

PREPARANDO O ENCONTRO

Ambientação

- ❋ Preparar a mesa com toalha, Bíblia, velas.
- ❋ Providenciar os fantoches de uma menina e um homem.
- ❋ Sugere-se que seja preparado pipoca para ser partilhada no final do encontro (festa para o filho que voltou). Pode também trazer apitos e chapeuzinhos de festa de aniversário ou mesmo confeccioná-los com jornal.

ACOLHER A PALAVRA DE DEUS

- ✦ Ao iniciar o encontro faça o sinal da cruz e uma breve oração, pedindo que Deus nos perdoe por muitas vezes não fazermos o que Ele espera de nós.

- ✦ Em seguida, solicite que um catequizando retire a Bíblia da mesa, entregue a você, que a beija. Incentive-os a cantarem neste momento uma música que eles conhecem e que fala da Palavra de Deus.

- ✦ Proclame o Evangelho de Jesus Cristo segundo Lucas: Lc 15,21-24.

- ✦ Finalizada a leitura, a Bíblia deverá ser colocada no local preparado para ela.

CONVERSAR COM A PALAVRA DE DEUS

✢ Faça memória do texto lido com os catequizandos perguntando a eles: O que o filho disse ao Pai? Qual a resposta do Pai? O filho estava arrependido? O Pai perdoou o filho?

✢ Convide-os a escutaram a *A história de Cindy*. Utilize os fantoches que você trouxe para enriquecer a história.

A história de Cindy

Esta é uma história sobre uma menina muito especial chamada Cindy. Ela vivia com sua família em uma pequena cidade do interior. Seu pai era muito rico. Ela tinha uma linda casa, com jardim, brinquedos, amigos e uma irmã que gostava muito dela. Mas Cindy não era feliz ali. Ela gostava de cantar, representar e sonhava em ir embora daquele lugar. Queria ir para uma cidade grande e ser famosa.

Ela contava seus planos para sua irmã e suas amigas que diziam: "Você está louca. A cidade grande é muito perigosa, somos tão felizes aqui". Ela dizia: "Feliz? Neste lugar sem graça? Vou morrer de tédio se continuar aqui. Assim que ficar mais velha vou falar com papai e vou embora de qualquer jeito. Quero conhecer muitos lugares, muita gente famosa, viajar pelo mundo e conhecer pessoas diferentes. Passar a minha vida neste fim de mundo, nem pensar".

E não teve jeito. Quando ficou um pouco mais velha chegou junto aos seus pais e falou: "Vocês têm muito dinheiro e eu quero ir embora daqui. Quero ser uma cantora famosa, vocês precisam me ajudar a realizar meu sonho". E ela tanto insistiu, que os pais cederam.

Claro que todos ficaram muito preocupados e a alertaram dos perigos da cidade grande, mas ela partiu rumo ao seu sonho toda feliz. Só pensava no sucesso e na fama e que tudo seria fácil. Então, Cindy começa uma nova vida na cidade grande. Uma vida muito louca, só de festas, baladas, as pessoas fingiam que se interessavam pela sua música e que iam ajudá-la na sua carreira para se aproveitarem do seu dinheiro. Ela pagava tudo, vivia cercada de falsos amigos. Aquelas pessoas interesseiras que só querem se aproveitar.

O tempo foi passando e sua carreira não começava. Todos que prometeram uma chance ou que iriam apresentá-la a alguém famoso só a enganavam. Seu dinheiro foi acabando, seus falsos amigos, é claro, afastaram-se e ela se viu sozinha, sem trabalho, sem dinheiro, em uma cidade grande. Lembrou-se da sua pequena cidade, da sua família e de suas amigas, e chorou de saudade. Pensou em voltar, mas sentia muita vergonha.

Tentou arrumar um emprego e não conseguiu, e então, sem saída, ela não teve alternativa. Com muito medo de como seria recebida, usou seu último dinheiro para comprar a passagem e voltou para casa. Foi uma longa e triste viagem. Ela pensou no que tinha feito e queria muito pedir perdão aos seus pais. Estava angustiada de como eles iriam recebê-la. Então ela chega em casa, e que surpresa! Foi recebida com todo o carinho. Seus pais a acolheram com muita alegria. Era sua filha que estava perdida e retornou. O pai estava tão feliz que mandou preparar uma grande festa para comemorar a volta de sua filha. Todos os amigos vieram e a acolheram com alegria e ficaram felizes com o seu retorno. A festa foi maravilhosa. A partir daquele momento ela foi muito feliz, naquela casa, junto com sua família e seus verdadeiros amigos, e nunca mais pensou em ir embora.

✤ Finalizada a história, os catequizandos são motivados a expressarem o que entenderam.

✤ Faça a ligação da história do texto bíblico proclamado com *A história da Cindy*. O Pai bondoso do texto bíblico sempre nos perdoa e nos acolhe com amor e carinho quando, arrependidos dos nossos erros, queremos voltar para junto do Pai.

✤ Convide-os a pegarem o livro do catequizando e a realizarem as atividades propostas.

✤ Após terem realizado as atividades, conversar com os catequizandos que na vida também é assim. Para que sejamos perdoados pelos nossos pecados devemos nos arrepender e nos comprometer a nos transformar em pessoas melhores.

VIVER A PALAVRA DE DEUS

✤ Oração

Incentive os catequizandos a dizerem a Jesus o que está no coração deles. Convide-os a rezarem a oração que está no seu livro.

Jesus, ajude-me a ser uma criança boa, capaz de perdoar, de pedir perdão e, assim, andar sempre no seu caminho.

Compromisso

✳ Assim como o Pai bondoso sempre acolhe quem se arrepende sinceramente, Jesus também está sempre pronto para acolher-nos. Leve-os a refletirem sobre o que podem fazer para ficarem sempre perto de Jesus. Sugira que, quando os pais determinarem que o *videogame* seja desligado ou que deverão fazer as tarefas, os obedeçam. Quando fizerem algo errado como tirar nota baixa, por não estudarem, comprometam-se a estudar mais e recuperar a nota na escola.

Encerre o encontro de catequese com o sinal da cruz e uma pequena oração, pedindo que Jesus sempre nos perdoe e ajude a perdoar.

É HORA DA LEMBRANCINHA!

Organizar uma bonita festa com a distribuição de pipoca, apitos e chapeuzinhos de aniversário. Lembre os catequizandos que Deus sempre está disposto a nos perdoar, fazendo uma bonita festa para nos receber de volta ao seu amor.

- Resposta da atividade: 1. Jesus contou uma parábola; 2. Pai, eu quero a minha parte da herança; 3. Pai, pequei contra Deus; 4. Meu filho que estava perdido foi encontrado.

ANOTAÇÕES

18 — Ele está vivo no meio de nós!

Objetivo Compreender que Jesus morreu, mas ressuscitou e está no meio de nós, em todos os momentos da nossa vida.

Minha experiência de Leitura Orante

- Deixe-se inundar pela Palavra Sagrada, meditando: Jo 20,1-9.11-16.

Para pensar

- Tenho permitido que Cristo Ressuscitado se revele em minhas atitudes de catequista? Quais têm sido estas atitudes?

Para rezar

Ó Jesus, que morrestes e ressuscitastes por amor, renove em nós catequistas, em nossas famílias, as atitudes de ressurreição e dê-nos a paz. Amém!

Informações sobre o tema

- Dois pontos são importantes, embora antagônicos, para entender melhor este tema do encontro: a morte de Jesus na cruz e o sepulcro vazio.

- Reportando para a época em que ocorreu a morte e ressurreição de Jesus, pode-se imaginar o momento vivido pelos apóstolos. O medo e a decepção tomavam conta deles, pois a fé dos apóstolos era fundamentada na pessoa de Jesus, que havia morrido na cruz. Os apóstolos se sentiam abandonados por Ele.

- Por outro lado, o túmulo estava vazio. Onde estava Jesus? Então Deus Pai, na sua infinita sabedoria e misericórdia, envia um mensageiro, um anjo, para anunciar que Jesus estava vivo.

- A partir do momento em que acreditaram na ressurreição de Jesus, não houve mais medo, decepção e dúvidas. A noite de escuridão havia terminado.

- Jesus Cristo ressuscitou, Ele está vivo entre nós!

PREPARANDO O ENCONTRO

Ambientação

- Arrumar uma mesa com toalha, Bíblia, velas, uma cruz com a imagem de Jesus.
- Providenciar cartazes ou ilustrações com lagarta, borboleta, casulo e fada.
- Confeccionar borboletas bem coloridas, uma para cada catequizando, sob o formato de ímã de geladeira com papel-cartão, E.V.A., ou outro material disponível, e colar atrás um ímã.

ACOLHER A PALAVRA DE DEUS

- Faça o sinal da cruz com os catequizandos e uma breve oração a sua escolha, pedindo a vinda e a luz do Espírito Santo para iluminar o encontro.

- Em seguida, solicite para que um dos catequizandos segure a cruz com a imagem de Jesus, a beije e a passe para outro catequizando, até que chegue ao último deles. Este deverá segurá-la até que termine a leitura do texto bíblico.

◈ Dando continuidade, proclame a leitura do Evangelho de Jesus Cristo segundo João: Jo 20,1-2.11-17.19.

◈ Finalizada a leitura, a Bíblia e a cruz deverão ser colocadas no lugar especial preparado na mesa.

CONVERSAR COM A PALAVRA DE DEUS

◈ Faça memória do texto lido com os catequizandos perguntando a eles: Quem foi visitar o túmulo onde Jesus tinha sido colocado? O que ela viu quando chegou lá? Jesus estava lá? Maria estava triste? Maria ficou alegre depois que Jesus apareceu para ela?

◈ Convide-os a escutarem a história de *Bia, a lagartinha sonhadora*. Utilize os cartazes ou ilustrações que trouxe para o encontro e assim enriquecer a história.

Bia, a lagartinha sonhadora

Bia era uma lagarta infeliz que vivia reclamando da vida. Ela não gostava de ser lagarta que andava rastejando. Queria ser um pássaro para poder voar e conhecer outros lugares. Ou, quem sabe, ser uma libélula com aquelas asas lindas e transparentes. Bia vivia sonhando com outra vida, pois o que ela queria era voar.

Certo dia surgiu na floresta uma linda fada que, ao ver a infelicidade de Bia, ficou com pena. A fada se dispôs a ajudá-la. Pensou, pensou bastante o que poderia fazer pela Bia e disse a ela que poderia transformá-la num animal que pudesse voar, mas teria que passar por grandes sacrifícios.

Bia não teve dúvidas. Estava disposta a fazer de tudo para realizar o seu sonho de voar. A fada envolveu a Bia em um casulo e desapareceu. Bia ficou lá dentro bem quietinha, no escuro, sem poder se mexer, mal podendo respirar.

Os dias foram passando e a Bia não estava aguentando a solidão, aquele sofrimento. Mas como ela acreditava na fada, ela sabia que todo o sacrifício valeria a pena.

Passaram-se mais algumas semanas e Bia sentiu que algo estava acontecendo. Então começou a se mexer com muito esforço, o casulo foi se rompendo e de lá saiu Bia com lindas asas coloridas. Ela tinha se transformado em uma linda borboleta graças a ajuda da fada, da sua coragem e persistência.

✦ Finalizada a história, estimule os catequizandos a expressarem o que entenderam.

✦ A seguir faça a ligação da história de Bia com a ressurreição de Jesus. Na nossa história para realizar o sonho de voar, Bia teve que fazer muito esforço antes de sair do casulo e virar uma borboleta com lindas asas. Passou por grandes sacrifícios, solidão, abandono, mas nunca deixou de buscar a realização de seu sonho. Com Jesus aconteceu algo bastante parecido: antes de Jesus ressuscitar sofreu dores e humilhação e, por fim, morreu na cruz.

✦ Sugere-se conversar com os catequizandos e fazer algumas perguntas sobre esta passagem dolorosa de Jesus e como é conhecida a festa de sua ressurreição.

✦ Convide-os a pegarem o livro do catequizando e realizarem as atividades propostas, orientando-os na compreensão sobre os momentos da crucificação, morte e ressurreição de Jesus, lendo os versículos relacionados em seus livros para que possam completar as ilustrações com as partes que faltam.

✦ Após terem realizado as atividades, converse com os catequizandos que na vida também é assim. Para nos transformarmos em pessoas melhores precisamos nos esforçar muito: obedecer os pais, ir à escola, não brigar com os amigos... Tudo isso para agradar a Jesus que nos ama muito e sempre quer estar conosco.

VIVER A PALAVRA DE DEUS

✦ Oração

Incentive os catequizandos para dizerem a Jesus o que está no seu coração. Convide-os a rezarem a oração que está no seu livro.

Jesus ressuscitado, agradeço-te por estar sempre ao meu lado.

Compromisso

Oriente os catequizandos para que, alimentados pela Palavra de Deus, possam se transformar em crianças melhores. Convide-os a escolher um compromisso a partir do que aprenderam com o encontro.

Encerre o encontro de catequese com o sinal da cruz e uma pequena oração espontânea, pedindo a Jesus que permaneça no coração de todos.

Distribua os ímãs de geladeira sob forma de borboleta. Lembre os catequizandos que, depois de muito sofrer, Jesus ressuscitou.

ANOTAÇÕES

_____
_____
_____
_____
_____

123

19 Jesus nos mandou o Espírito Santo

Objetivo Reconhecer que o Espírito Santo nos dá força e o entendimento das coisas que Jesus ensinou.

Minha experiência de Leitura Orante

- ☐ Medite: Jo 14,15-26 e complemente sua Leitura Orante com o texto do livro os Atos dos Apóstolos: At 2,1-4.

Para pensar

- ☐ Recebi, desde o meu batismo, o Espírito Santo: tenho me disposto a aceitar o Espírito Santo na minha vida?

- ☐ No meu dia a dia como catequista me disponho a aceitar e obedecer a Palavra de Deus?

Para rezar

- ☐ Pedindo a luz do Espírito Santo para me acompanhar no serviço do anúncio do Reino, coloco-me a rezar:

Vinde, Espírito Santo! Enchei os corações dos vossos fiéis e acendei neles o fogo do vosso amor. Enviai o vosso Espírito, e tudo será criado. E renovareis a face da terra.

Oremos: Deus, que instruístes os corações dos vossos fiéis com a luz do Espírito Santo, fazei que apreciemos retamente todas as coisas segundo o mesmo Espírito e gozemos sempre da sua consolação. Por Cristo, Senhor nosso. Amém.

Informações sobre o tema

- ☐ Para os judeus, Pentecostes era a festa de ação de graças pela colheita do trigo. Era celebrada sete semanas depois da festa na páscoa judaica, ou seja, no quinquagésimo dia (cinquenta dias). Por isso a denominação Pentecostes (o quinquagésimo dia).

- O texto dos Atos dos Apóstolos 2,1-4 inicia abordando o Dia de Pentecostes. Já se havia passado cinquenta dias depois da morte e ressurreição de Jesus, ou seja, da páscoa cristã. Para os cristãos este dia também passou a se chamar Pentecostes.

- A comunidade cristã estava reunida em Jerusalém e o Espírito Santo veio na forma de línguas de fogo e todos dele se encheram e começaram a falar em outras línguas. Muitos foram os que se converteram a partir da pregação dos apóstolos (cf. At 2,41). As primícias do anúncio da Boa-nova aconteceram naquele dia.

- Alguns símbolos do Espírito Santo:

Bíblia – Palavra de Deus inspirada pelo Espírito Santo;
Pomba – representa a harmonia, a vida, a ternura, a comunicação (mensageira da paz); quando Jesus foi batizado, o Espírito Santo desceu sobre Ele, na forma de uma pomba (cf. Mt 3,16);
Fogo – luz, calor, ardor, amor, energia; os apóstolos recebem o Espírito Santo na forma de línguas de fogo (At 2,3-4);
Água – purifica, nova vida no Espírito;
Sopro – força, paz;
Vento – sopra onde quer; não se vê, apenas se sente;
Óleo – novo vigor, força.

PREPARANDO O ENCONTRO

Ambientação

- Colocar uma mesa no centro da sala de encontros com toalha, flores, Bíblia e uma vela grande que se destaque (pode estar decorada para chamar atenção). As cadeiras dos catequizandos e do catequista deverão estar ao redor da mesa.

- Providenciar uma ilustração da cena de Pentecostes, ou seja, de Maria com os doze discípulos no cenáculo.

- Trazer para o encontro balões vazios (bexigas), um para cada catequizando. Estes serão levados por eles no final do encontro.

ACOLHER A PALAVRA DE DEUS

✦ Comece o encontro com o sinal da cruz e peça aos catequizandos para repetirem a oração:

Querido Jesus, ajude-nos a ouvir a voz do Espírito Santo e escolher fazer a vontade de Deus para que sejamos mais felizes na sua companhia. Amém.

✦ Faça a leitura do Livro dos Atos dos Apóstolos: At 2,3.

CONVERSAR COM A PALAVRA DE DEUS

✦ Inicie um diálogo, pedindo aos catequizandos que observem a chama da vela: O que podemos dizer do fogo? (o fogo aquece, queima, ilumina).

✦ Conte o fato bíblico narrado no Livro dos Atos dos Apóstolos, agora o texto todo (At 2,1-4) com auxílio da ilustração da cena de Pentecostes e na linguagem dos catequizandos, de modo que eles possam ter uma correta compreensão.

✦ A seguir, converse sobre o significado do Espírito Santo na nossa vida hoje.

- Faça com os catequizandos a experiência de assoprar na própria mão, perguntando se podem ver o sopro. Conclua a partir do que disserem que não podemos ver, mas podemos senti-lo na mão. Assim é com o Espírito Santo, não podemos vê-lo, mas podemos senti-lo no nosso coração.

- E como é a pessoa que está cheia do Espírito Santo? Agora, distribua os balões, um para cada catequizando. Peça que encham o balão, fechando a sua boca para o ar não escapar. Compare o balão antes e depois de cheio de ar. Questione-os: Para que serve o balão vazio? E o cheio? Depois comente que, com o balão vazio podemos fazer pouca coisa; já com o balão cheio podemos enfeitar, brincar. Incentivar os catequizandos a jogarem os balões para cima, um para o outro, numa brincadeira.

- Acalmar os catequizandos e continuar a conversa: quando sentimos vontade de desobedecer nossos pais e não o fazemos, é o Espírito Santo que nos lembra o melhor a fazer. Cada vez que deixamos o Espírito Santo agir na nossa vida, mais vamos ouvir e obedecer a Palavra de Deus e seremos mais felizes.

✤ Motive os catequizandos a observar a ilustração da cena de Pentecostes e peça para abrirem seus livros e realizarem as atividades propostas.

✤ Conduza-os a recortar as "línguas" de fogo – Anexo 3 – que encontrarão no final do livro do catequizando e as colar sobre as cabeças dos discípulos que encontrarão em seus livros.

VIVER A PALAVRA DE DEUS

✤ Oração

Após concluírem a atividade, convide-os a fazerem juntos a oração que está no livro.

Querido Jesus, ajude-me a ouvir a voz do Espírito Santo para fazer sua vontade, ouvindo e obedecendo a sua Palavra.

Compromisso

✤ Converse com os catequizandos sobre o que aprenderam no encontro de hoje: O que podemos fazer nesta semana para viver o que aprendemos? Reunir as sugestões e determinar, junto com os catequizandos, um propósito para a semana.

Encerre o encontro de catequese com uma música ao Espírito Santo (sugestão: CD Músicas para Louvar ao Senhor – Universal Music, Pe. Marcelo Rossi, faixa 8: Espírito).

É HORA DA LEMBRANCINHA!

Distribuir para cada catequizando um balão. Lembre-os de que o Espírito Santo está sempre nos preenchendo com o amor de Jesus.

ANOTAÇÕES

20 Convidados a viver em comunidade

Objetivo Reconhecer que Jesus nos pede que continuemos sua missão formando comunidades que vivam a paz e a justiça.

Minha experiência de Leitura Orante

- Medite o texto bíblico do encontro: At 2,42-47.

Para pensar

- Entre os meus colegas catequistas, tenho trabalhado em comunidade ou tenho buscado fazer tudo sozinho?

Para rezar

Senhor, que eu responda à sua ordem com amor. Que eu saiba conviver com os demais com espírito de comunidade. Que eu seja testemunho do viver em comunidade.

Informações sobre o tema

- Jesus nos pede que continuemos sua missão formando novas comunidades: "...vão e façam com que todos os povos se tornem meus discípulos" (cf. Mt 28,19).

- Os primeiros cristãos entenderam o ensinamento de Jesus e formaram as primeiras comunidades fundamentadas na harmonia, na unidade, na partilha dos bens, na compreensão e no amor entre as pessoas.

- Para fazermos parte da comunidade de Jesus precisamos viver conforme os ensinamentos de Jesus ajudando-se mutuamente, perdoando-se, fazendo o bem às pessoas, agindo com bondade, amizade, justiça e amor.

PREPARANDO O ENCONTRO

Ambientação

- Colocar a Bíblia, vela, flores sobre uma mesa com toalha.
- Organizar um varal didático para colocar nele, ao final da procissão de entrada da Bíblia, com prendedores de roupa, gravuras que representem como devem ser as comunidades de Jesus: pessoas trabalhando em harmonia, pessoas participando de atividades na igreja (festas, bazares, procissões, ajudando nas obras sociais...), partilhando alimentos com os pobres....
- Confeccione uma igreja usando caixa de fósforos vazia, uma para cada catequizando. Para isso forre a caixa de fósforos com papel que lhe permita desenhar a fachada de uma igreja em um dos lados, e nos outros escrever ou colar palavras que representem o que significa viver em comunidade: amor, união, partilha.

ACOLHER A PALAVRA DE DEUS

- Convide os catequizandos a fazer uma procissão com a Bíblia e as gravuras que você preparou sobre as comunidades. Peça para prenderem as gravuras no "varal".
- Faça o sinal da cruz com os catequizandos para iniciar o encontro. Convide a todos a pedirem a Deus, abaixando a cabeça e em silêncio, a graça de entendermos os ensinamentos de Jesus.

✦ Após todos se acomodarem, abra cuidadosamente a Bíblia e faça a leitura do Livro dos Atos dos Apóstolos: At 2,42-47.

CONVERSAR COM A PALAVRA DE DEUS

✦ Comece um diálogo com os catequizandos: o que está representado nas gravuras que foram colocadas no "varal"? (deixar que falem).

✦ Comentar que essas ilustrações nos revelam como devem ser as comunidades.

✦ Motivá-los a ouvir a história de duas crianças que fizeram uma experiência interessante de vida em comunidade.

Uma bonita experiência

Na cidade de Catequelândia havia uma turminha da catequese muito animada. Dona Cotinha era a catequista da meninada. Um dia, ela pediu para o Caquinho e para a Casquinha cumprirem uma tarefa: eles deveriam participar de uma reunião da comunidade para apresentarem para a turminha de como era "viver em comunidade".

Com esta missão foram para o salão paroquial da igreja, onde encontraram um pessoal fazendo uma reunião. Parecia uma confusão: cada um falava uma coisa, ninguém se entendia. Eles precisavam decidir sobre uma visita a uma família muito pobre que vivia no bairro. Até que, enfim, chegaram a uma conclusão: o "Seu" João e a Dona Neia iriam visitar e conhecer a família para saber o que eles precisavam. Como as crianças estavam por ali, "Seu" João as convidou para ir junto.

Chegando à casa da família, Caquinho e Casquinha viram, já de cara, a situação de pobreza em que eles viviam. Enquanto Dona Neia conversava com a mãe, "Seu" João via o que podia ser feito na casa que estava "caindo aos pedaços". Enquanto isso, Caquinho e Casquinha foram conversar com os filhos para conhecê-los melhor.

No outro dia, voltaram à reunião do grupo no salão paroquial, junto com "Seu" João e Dona Neia para contarem a situação na qual vivia a família. Cada um foi dando uma ideia de como colaborar: um poderia arrumar material de construção, outro podia levar umas roupas para os filhos, outro sabia de alguém que podia dar emprego ao pai da família, que estava desempregado.

As crianças contaram que descobriram que os filhos não eram batizados e nem participavam da catequese. Caquinho e Casquinha também fizeram sua parte, informando a situação religiosa da família à Dona Cotinha, sua catequista, que imediatamente tomou providências para prepará-los para o batismo.

Quando voltaram para o encontro de catequese, disseram à Dona Cotinha e a toda turminha o que aprenderam a partir da experiência que viveram. Cotinha lhes explicou que isso é viver em comunidade: todos juntos trabalhando pelo bem comum! A partir daí, todas as crianças passaram a entender melhor e a viver o exemplo de comunidade.

✧ Após contar a história, converse com os catequizandos:

- No início, quando Caquinho e Casquinha foram na reunião lá no salão paroquial, eles viram que todos estavam de acordo? Não, parecia até uma confusão, não é mesmo? Mas, depois de conversar, entraram num acordo. Assim é a comunidade: nem todos pensam igual, mas todos se amam e se entendem.

- Foram todos juntos visitar a família? Também não. Dois deles visitaram a família e trouxeram os problemas para conversar no grupo. Depois cada um fez uma coisa diferente. Assim também na comunidade: não precisa todo mundo fazer a mesma coisa. Cada um contribui com o que sabe fazer. É a amizade, a partilha, o amor, a união que faz a comunidade funcionar.

- Por fim, pergunte aos catequizandos:
  - As pessoas de que fala a história fizeram o que Jesus mandou?
  - E nós, fazemos o que Jesus mandou? Como?

- Enquanto conversam, pode explorar as formas de participar, ajudando a comunidade.

- Convide os catequizandos a fazerem as atividades propostas no livro. Antes, porém, explore o versículo e as atitudes necessárias para viver em unidade e formar a comunidade de Jesus.

VIVER A PALAVRA DE DEUS

✧ Oração

Após concluírem as atividades, convide-os a fazerem juntos a oração que está no livro.

Jesus, meu amigo, peço-te a graça de viver na tua companhia, participando e ajudando as pessoas da comunidade. Amém.

Compromisso

 Retomar o que vivenciaram no encontro de hoje e pedir para formularem, juntos, uma proposta de compromisso para a semana. Sugere-se que em todos os dias da semana possam traçar em seus pais e irmãos o sinal da cruz, desejando a cada um deles um bom dia, boa tarde ou boa noite, *em nome do Pai e do Filho e do Espírito Santo. Amém.*

Encerre o encontro de catequese com o sinal da cruz e uma pequena oração espontânea de agradecimento a Jesus pelo encontro de catequese.

É HORA DA LEMBRANCINHA!

Distribuir as igrejinhas que confeccionou para cada um dos catequizandos. Lembre-os que a igreja é o lugar de encontro da comunidade de Jesus.

ANOTAÇÕES

REFERÊNCIAS

Catecismo da Igreja Católica. Petrópolis: Vozes, 1993.

CELAM. *Documento de Aparecida.* Brasília: CNBB, 2007.

CNBB. *Diretório Nacional de Catequese.* Brasília: CNBB, 2006.

_____. *Catequese renovada*: orientações e conteúdo. São Paulo: Paulinas, 1983 [Documento n. 26].

Compêndio do Vaticano II: constituições, decretos e declarações. 29. ed. Petrópolis: Vozes, 2000.

Deus Caritas Est – Carta encíclica *Deus Caritas Est.* São Paulo: Paulinas, 2006.

KOLLING, M. et al. (orgs.). *Cantos e orações* – Para a liturgia da missa, celebrações e encontros. Petrópolis: Vozes, 2007.

KONINGS, J. *Ser cristão*: fé e prática. Petrópolis: Vozes, 2004.

CDs

Missa Fazedores da Paz – Paulinas, Pe. Zezinho, faixa 4: Palavras de Salvação.

Pirado por Jesus – Canção Nova – Doidin de Deus, faixa 4: Pirado por Jesus.

Paz Sim, Violência Não: Ao Vivo, vol. 1 – Sony BMG Brasil, Pe. Marcelo Rossi, faixa 6: Pai-nosso.

Músicas para Louvar ao Senhor – Universal Music, Pe. Marcelo Rossi, faixa 8: Espírito.

ANOTAÇÕES

ANOTAÇÕES

ANOTAÇÕES

ANOTAÇÕES

ANOTAÇÕES

ANOTAÇÕES

Conecte-se conosco:

 facebook.com/editoravozes

 @editoravozes

 @editora_vozes

 youtube.com/editoravozes

 +55 24 2233-9033

www.vozes.com.br

Conheça nossas lojas:
www.livrariavozes.com.br

Belo Horizonte – Brasília – Campinas – Cuiabá – Curitiba
Fortaleza – Juiz de Fora – Petrópolis – Recife – São Paulo

EDITORA VOZES LTDA.
Rua Frei Luís, 100 – Centro – Cep 25689-900 – Petrópolis, RJ
Tel.: (24) 2233-9000 – E-mail: vendas@vozes.com.br